KB038758

2023 트렌드노트

2023 트렌드노트
새로운 소비주체의 등장

2022년 10월 24일 초판1쇄 발행
2022년 10월 31일 초판2쇄 발행

지은이 이원희, 박현영, 최재연, 정석환, 신수정, 신예은, 심우연

펴낸이 김은경
책임편집 권정희
편집 이은규
마케팅 박선영
디자인 김경미
경영지원 이연정

펴낸곳 ㈜북스톤
주소 서울특별시 성동구 성수이로20길 3, 6층 602호
대표전화 02-6463-7000
팩스 02-6499-1706
이메일 info@book-stone.co.kr
출판등록 2015년 1월 2일 제2018-000078호
ⓒ 이원희, 박현영, 최재연, 정석환, 신수정, 신예은, 심우연
(저작권자와 맺은 특약에 따라 검인을 생략합니다)
ISBN 979-11-91211-83-2 (03320)

북스톤은 세상에 오래 남는 책을 만들고자 합니다. 이에 동참을 원하는 독자 여러분의 아이디어와 원고를 기다리고 있습니다. 책으로 엮기를 원하는 기획이나 원고가 있으신 분은 연락처와 함께 이메일 info@book-stone.co.kr로 보내주세요. 돌에 새기듯, 오래 남는 지혜를 전하는 데 힘쓰겠습니다.

2023 트렌드 노트

새로운 소비주체의 등장

이원희 · 박현영 · 최재연 · 정석환 · 신수정 · 신예은 · 심우연 지음

북스톤

트렌드의 아이러니

과거의 트렌드는 '신탁'에 가까웠다. 이태리나 프랑스 같은 유럽 어디쯤, 아마도 패션 업계에 종사하는 사람들에 의해 올해의 트렌드 키워드가 선언되었다. 트렌드 키워드는 돌아서면 기억에서 지워질 영어 조합어로, 대체로 3~4가지 테마로 구성되었다. 자연과 원초에 가까운 것 하나, 사이키델릭하고 기술과 가까운 것 하나, 강렬하고 과감한 것 하나.

한국에서 트렌드를 알아야 한다고 생각하는 업계 종사자들은 어두운 강의실에 모여서(강의실은 으레 선릉역이나 역삼역 인근에 있었다. 아마 교통이 좋으면서도 강의실 임대료가 싼 곳이었을 것이다) 질문 하나 없이 받아 적었다. 신탁처럼 뚝 떨어지는 트렌드 키워드는 알 듯 말 듯하지만 그런가 보다 하는 것이었다. 이해하거나 질문하는 대상이 아니었다.

지금의 트렌드는 사람들이 살아가는 생활의 변화를 이해하는 것에 가깝다. 트렌드는 어떤 사람들이 리드하고, 어떤 사람들이 먼저 따라가고, 누군가는 알지도 못한 채 지나가 버리는 식으로 선을 따라 흐르지 않는다. 트렌드는 네트워크망으로 촘촘히 연결된 사람들에 의해 인지되고, 받아들여지고, 확대되고, 변주된다. 사람들이 외면한 트렌드는 트렌드가 아니라 공허한 외침이다. 사람들 사이의 정보가 활발히 공유되고 공감을 통해 지지되고 퍼져나가는 세상에서 나만의 트렌드란 존재하지 않는다.

많은 사람이 따라줘야 트렌드가 된다는 것, 여기에 트렌드의 아이러니가 있다. 트렌트란 본디 앞서가는 것인데, '트렌드'라고 확인되는 시점은 그보다 나중이다. 트렌드를 앞서가는 것이라고만 생각하면 트렌드는 수많은 시도이고 그중에서 맞아떨어진 것이다. 트렌드 주간지를 쓴다면 트렌드 후보군 기사를 여러 개 작성하고 그중 확인된 것을 남기고 나머지를 폐기하는 식이다.

그렇다면 트렌드를 미리 파악하는 것은 불가능한가? 과거의 데이터를 갖고 어떻게 미래를 예측하는가? 매우 합리적인 질문인 것 같지만 데이터는 언제나 과거다. 우리가 무언가를 예측할 때, 예측의 재료가 되는 것은 언제나 과거일 수밖에 없다. 미래는 미래에서 오지 않고 과거의 발걸음 뒤에 온다.

트렌드는 원래 의미가 그러하듯, 무엇보다 경향성이다.

예를 들어 '차(tea)가 떴다'는 것은 트렌드다. 유통사는 티세트 상품을 준비하고, 쇼핑몰은 티하우스를 입점시키고, 브랜드는 티 브랜드와 콜라보를 기획하고, 개인은 도산공원 티하우스를 예약한다. 그러나 차를 신사업으로 기획하기란 쉽지 않다. 오설록이 일찍이 녹차 사업을 한 것은 트렌드에 발맞춘 것이 아니라 하나의 '업'을 시작한 것이다. 트렌드에 발맞추는 일은 뒤를 쫓는 것이고 그래서 시간에 쫓기는 일이다.

하지만 트렌드를 경향성으로 읽는다면 차(tea) 트렌드에 선제적으로 대응할 수 있다. 차 트렌드는 식음의 고급화, 특히 마시는 음료의 고급화 경향을 담고 있다. 티하우스 티코스 1시간 30분에 1인당 4만 원, 예약만 가능. 2010년대에 커피가 그랬듯이 이제는 호텔에서, 럭셔리 공간에서, 가장 프라이빗한 공간에서 차를 마신다. 차 트렌드는 이 시대의 고급 코드를 읽을 수 있는 중요한 단서가 된다.

사람들은 언제나 특별한, 나만의, 고급스러움을 추구했다. 이 시대의 고급은 어디서 오는가? 마시는 음료에서, 프라이빗한 시공간에서, 예절과 격식을 차린 문화에서, 동네로는 압구정, 청담동, 성수동에서 발현된다. 어떤 시간이 특별함으로 인식되는가? 사교의 시간보다 고요히 나에게 집중하는 시간, 혼자 있는 개인들의 명상 시간, 그 시간을 채우는 음료와 다과, 예쁜 사진으로 기록될 수 있는 1시간 30분의 시간이 중요해짐을 알 수 있다.

고급스러운 음료 트렌드는 와인과 위스키, 전통주 트렌드로 이어진다. 고급스러운 음료에 어울리는 잔과 식기들, 나아가 인테리어가 변화한다. 마치 홈카페가 우리 집 인테리어의 시작이었던 것처럼 티세트의 디자인 감각이 인테리어에 어떤 영향을 미칠까? 브랜드 패키지에는? 색깔 감각에는?

트렌드를 경향성으로 읽으면 앞으로 무엇이 뜰지 예측하거나 다음 수를 준비할 수 있다. 투명한 빛깔의 음료 또는 그와 어울리는 환경을 준비한다. 직접적으로는 음료, 디저트, 식기, 테이블이 바뀐다. 개인의 고요한 시간을 채우는 도구들이 필요하다. 음악, 조명, 향, 인테리어 모두 해당한다. 좀 더 멀리 가면 찻잎, 품종, 초록초록 작은 생명체에 대한 관심에 대비할 수 있다. 차가 유명한 고장의 관광이 늘까? 차 전문 인플루언서가 뜰까? 차는 비건과도 연결되는군. 찻잎 같은 작은 식물을 집에서 키우게 될까? 티하우스 같은 공간을 시간 단위로 판매하는 비즈니스는 유효할까?

트렌드를 현상으로만 보지 말고 경향으로 보자. 굵은 줄기, 그 줄기는 하나로 연결되어 있다. 굵은 줄기를 보려면 계속 보아야 한다. 넓게 보아야 한다. 같이 보아야 한다. 데이터는 같이, 넓게, 계속 보게 만들어주는 토양이다.

경험적으로 트렌드를 잘 아는 사람이 있다. 트렌디하다고 불리는 장소, 브랜드에 먼저 접근하는 사람이 있다. 그들에게 사람들은 묻는다. "트렌드를 잘 알려면 어떻게 해야 하나요?"

데이터를 통해 트렌드 읽는 능력을 키우거나, 트렌드를 잘 아는 친구를 곁에 두어야 한다. 무엇보다 사람들로부터 소외되지 않아야 한다. 이 책은 소외를 막기 위해, 트렌드의 굵은 줄기를 보여주기 위해 쓰였다.

Contents

총론 생활변화의 중심축

CHAPTER 1. 이 시대의 가치 : 효율·성취, 간편·건강, 자아·독립

PART 1. 새로운 정체성

CHAPTER 2. 우리는 모두 금쪽이다

CHAPTER 3. MZ, 이제 그만

PART 2. 새로운 경제감각

CHAPTER 4. 자본주의 키즈의 감감감

CHAPTER 8. 구독, 자신만의 유니버스를 소유하는 방식

혼자, 오래 살 것을 기대하는
사람들의 선택지

　미래의 핵심은 '혼자 산다', '오래 산다'로 요약된다.

　1인가구, 고령화와 일맥상통하지만 꼭 같은 말은 아니다. 과거에
도 혼자 사는 사람, 오래 사는 사람은 있었다. 달라진 점은 자신이
혼자 살고 오래 살 것을 예상한다는 것이다. 혼자 살고 있지만 언젠
가 누군가와 함께 살리라 기대하는 사람과, 앞으로도 죽 혼자 살 것
이라 예상하는 사람의 선택지는 다르다.

　예를 들어 현재 31세 직장인 A씨의 정해진 미래가 39세에 누군가
와 함께 사는 거라고 하자. 만일 내년이라도 당장 결혼할지 모른다
고 생각하면 A씨는 큰 사이즈의 침대 사기를 보류한다. 세탁기, 냉
장고와 같은 대형 가전도 최선의 선택보다는 임시의 선택을 하고,
전세보다는 월세를 선호한다. 반대로 앞으로도 계속 혼자 살 거라
예상한다면 A씨는 더 큰 사이즈의 침대와 로봇청소기를 미루지 않
고 지금 구입한다. 브랜드 하나도 임시방편으로 선택하지 않고 심
사숙고한다. 조금 멀리 가더라도 전세를 고려해본다.

　생활변화관측소는 이미 코로나19 이전에 싱글의 방에서 침대가

커지는 현상을 관측한 바 있다.[1] 싱글의 방에서 증가하는 제품으로는 쾌적한 환경을 유지해주는 가전(공기청정기, 로봇청소기, 가습기), 콘텐츠를 즐기는 데 도움 되는 가전(프로젝터, 아이패드, 오디오, 스피커, 모니터), 그 밖에 함께 살아가는 식물, 토이 등이 있다. 반면 옷장, 서랍장 등의 가구는 줄어들었는데, 덩치 큰 가구로 방을 채우기보다는 침대를 중심으로 내 여가를 즐기기 위한 제품들을 들여놓은 결과다. 자기만의 콘텐츠를 즐기기 위해 꾸며진 방 같은 집, 그 집을 꾸미는 데 선택된 브랜드들, 눈높이 높은 사람들의 좁은 방에 선택된 최소한의 삶. 식 분야에 밀키트가 있다면 삶 전반에 걸쳐 삶키트가 중요해질 것이다. 코로나 이후 이 추세는 더욱 가속화되었다. 프로젝터, 아이패드, 스피커, 모니터는 코로나 이후 언급량이 가장 많이 증가한 전자제품이다. 식물에 대한 관심 또한 코로나 이후 더욱 가속화되었다.

코로나가 끝났으니 달라지지 않을까? 그렇지 않다. 코로나는 끝나지 않았을 뿐 아니라 코로나는 혼자, 오래 살게 될 거라는 기대치를 남겼다. 오래 살 거라고 예상하기에 건강함이 중요하고, 혼자 살 것이기에 간편함이 중요하다. 하여 미래에도 지지 않을 가치는 바로 건강함과 간편함이다. 둘 중 하나의 선택이 아니라 둘이 같이 간다. 건강하면서도 간편해야 한다. 한 알의 영양제처럼.

그 밖에도 혼자 있는 인간이 선택한 것들이 있다. 앞으로도 이 선

---

1) 생활변화관측지 VOL.7, "점점 커지는 싱글의 침대, 거의 모든 것의 내 방"

택지는 계속 중요하게 남을 것이다.

실내에서 자연을 즐기다

코로나 이후 발견한 사실 하나. 혼자 있는 인간은 자연을 찾았다. 집에 커다란 식물이 들어오고, 자연을 근간으로 하는 아웃도어 취미인 등산, 골프, 테니스가 뜨고, 자연을 찾아 떠나는 캠핑이 사랑받았다. 공간에서는 개방감이 중요해졌다. 개방감을 구성하는 요소는 '나무', '햇빛', '창가'다. 차 안에서 차창을 통해 캠핑지의 자연을 느끼고, 카페 안에서 창을 통해 햇살을 받고, 폴딩도어를 설치해 집 안의 개방감을 더한다. 공통점은 실내에서 바깥의 자연을 충분히 느낀다는 것. 미래의 핵심 요소 중 하나는 자연이다. 외부의 자연을 안으로 들인 공간, 외부 자연을 충분히 즐길 수 있도록 연결한 공간, 자연과 조화를 구현한 공간이 미래의 공간이 될 것이다.

기기가 애착과 반려의 대상이 되다

〈생활변화관측지〉 1호는 반려의 상승을 다루었다. 2019년 1월의 일이다. 그때 가장 많이 증가하던 것은 '반려식물'이었다.[2] 이제 반려식물은 일반화되었다. 코로나 이후 오늘날 가장 큰 폭의 상승을 보이는 것은 '반려기기'다. 특히 많이 언급되는 것이 오디오 기기다. 나와 가장 가까이 있고 쉼 없이 플레이되는 무선이어폰, 케이

---

2) 생활변화관측지 VOL.1, "주종이 아닌 반려, '나는 초코(반려견)와 살고 있는 반려인입니다"

스도 내 방식으로 꾸미고, 오로지 내 것으로 존재한다. 무선이어폰이 없으면 집을 나설 수 없다. 심지어 선풍기도 선에서 해방되고 디자인이 예뻐지면서 반려기기로 진화했다.[3] 로봇과 연관해서도 서빙 로봇에 이어 반려로봇에 대한 관심이 증가하고 있다.[4] 혼자, 오래 살 것을 기대하는 인간은 '애착'의 대상을 찾는다. 애착의 대상이 동물, 식물에 이어 사물로 확장되고 있다. 전자제품도 예외는 아니다. 충분히 반려의 대상이 될 수 있다. 그러기 위해서는 무엇보다 '내 것'이 되어야 한다.

독립된 경제주체의 새로운 경제관념

혼자 사는 상태가 임시가 아니라 앞으로도 지속될 기본값이라 여기는 개인은 경제적 자립을 도모한다. 누군가와 함께 살면서 공인인증서까지 넘기게 되리라는 생각 대신 처음부터 끝까지 내가 벌어서 내가 쓰는 경제주체가 된다고 생각하면 돈을 대하는 태도가 달라진다. 통신비, 전기료 등의 비용은 최소화하고 디저트, 호텔비는 나를 위해 과감히 투자한다. (소비에 대한 태도 변화는 6장에서 자세히 다룬다.) 이 시대 1인가구는 소비 요정이자 가치 트렌드의 리더다. 이들을 4인가구 대척점으로서의 1인가구가 아니라 1인분의 몫을 해내는 독립된, 온전한 정체성을 가진 개인으로 바라보자. 그 개인이 모여 가족을 이루고, 개인들의 선택이 모여 트렌드가 된다.

---

3) 생활변화관측지 VOL.31, "선으로부터 해방된 선풍기, 개인 공간으로 침투하다"
4) 생활변화관측지 VOL.34, "로봇의 미래, 지식의 대체보다 노동과 감성의 대체"

본문은 다음과 같은 내용으로 구성되어 있다.

총론 성격의 1장에서는 우리 시대의 가치관을 크게 3가지로 요약했다. 트렌드가 기대와 현실 사이의 갭을 메우는 것이라면, 이 시대의 기대를 알 필요가 있다. 단순하게 표현하면 이 시대의 기대는 '효율적으로 성취에 도달하기', '간편하게 건강 챙기기', '자아를 돌보며 독립을 완성하기'다. 정신없이 변화하는 것처럼 보이는 트렌드 현상들의 맥을 짚고자 했다. 시대 흐름을 생각하면서 본문을 펼쳐 곱씹어보자. 《2022 트렌드 노트》에서 제시했던 7가지 생활변화의 축이 1년 뒤 어떻게 진화했는지도 간략히 분석했다.

1부에서는 '정체성'을 다룬다.

가장 많이 논의되었지만 누구도 자기 이야기로 여기지 않았던 MZ세대 담론에 종지부를 찍고자 한다. 'MZ세대'는 누구인가? 트렌드 리더? 취준생? 사회초년생? 주택 복지 대상인 청년? 사실 'MZ세대'도, '청년'도 미디어와 소비시장이 만들어낸 허구의 대상일지 모른다. MZ세대, 이제 그만. 청년도 이제 그만. 온전한 독립체로서 1인의 삶을 들여다보자. 자신을 무엇이라 생각하는지 살펴보다 보면 '1인'이라는 정체성을 발견할 수 있다. 정신건강에 대한 관심이 높아지는 현상도 1부에서 다룬다.

2부에서는 젊은 세대의 새로운 경제감각에 대해 다룬다.

새롭게 등장한 경제활동의 원천은 아카이브다. 자신을 쌓는 아카이빙은 궁극적으로 아카이브라는 자산이 된다. 한편 오늘날의 소비는 50만 원을 쓰고도 비싸지 않다고 말하는 동경의 소비, 소비하면서 행복을 논하는 사랑의 소비, 1만 원 미만의 금액도 아깝다고 표현하는 필요의 소비로 구분된다. 그에 따라 달라지는 결제수단 등 소비주체가 만들 소비의 미래를 엿본다. 그런가 하면 소비를 통해 얻고자 하는 새로운 감각도 있다. 관습을 따져 묻고 습관을 형성하는 '민감(敏感)', 손해를 보더라도 경험치를 획득하면 만족하는 '쾌감(快感)', 새로운 관계이자 새로운 소비문화를 대표하는 팬덤에서 얻어지는 '교감(交感)'… 자본주의 소비문화의 절정에서 소비자가 놓치지 않으려는 감감감(感感感)이다.

3부는 새로운 소유방식을 다룬다.
더 많이 소유하게 된 디지털 기기, 일견 덜 소유하는 것처럼 보이는 구독 서비스를 통해 사람들이 기기와 콘텐츠를 '내 것'으로 만들고자 한다는 것을 이해할 수 있다. 가족용 태블릿이 1인당 1태블릿이 되고, 다시 회의용, 게임용, 주식용으로 세분화되는 디지털 기기 소유의 진화 과정을 다룬다. 아울러 구독 서비스를 바라보는 관점도 챙겨야 한다. 사업자 입장이 아닌 소비자의 입장에서 구독 서비스를 바라보자. 구독 서비스는 새로운 소유의 방식, 즉 자신만의 유니버스를 소유하는 방식이다.

《2023 트렌드 노트》에는 소비 이야기가 유독 많다. 그만큼 트렌드의 변화가 소비로 발현되었다고 할 수 있다. 돈을 어디에 쓸 것인가? 어떤 방법으로 지불할 것인가? 소유할 것인가, 공유할 것인가? 돈과 관련한 개념의 변화, 돈 지불방식과 돈을 내는 창구의 변화가 우리 생활의 변화를 이끌 것이다. 자, 이제 본문을 펼쳐 소비감각과 가치관의 변화를 직접 확인해보자.

생활변화의
중심축

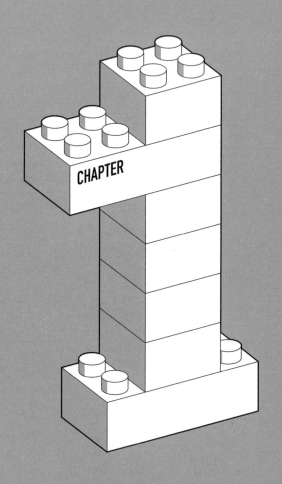

CHAPTER

이 시대의 가치

: 효율·성취, 간편·건강, 자아·독립

박현영

트렌드의 속성 : 변주 가능성, 접근성, 경제성, 상징성

내가 기대했던 것과 현실 사이의 갭이 발생한다. 이를 메우는 방식이 트렌드로 발현된다. 다시 말해 로망과 현실의 갭을 메우는 것, 그것이 각광받는 트렌드라 할 수 있다. 즉 트렌드를 이해하기 위해서는 이 시대의 로망/기대치를 알아야 하고, 무엇이 그것을 방해하는지도 알아야 한다. 기대와 현실 사이에 다리를 잇는 것으로서 트렌드 현상을 이해한다면 매일매일 쏟아지는 신조어에 피로감을 느끼지 않고 우리 시대의 경향성을 이해할 수 있을 것이다.

가장 좋은 예는 아침 식사의 변화다. 2020년 3월, 그래놀라 언급량이 시리얼을 역전했다.[1] 2020년 코로나로 아침을 챙겨 먹는 상황이 늘어나며 시리얼과 그래놀라에 대한 관심이 함께 증가했는데, 그중 그래놀라의 상승세가 더 가팔랐다.

---

1) 생활변화관측지 VOL.27, "그래놀라, 시리얼을 역전"

아침은 늘 귀찮은 것이다. 속도 편치 않아서 아무거나 먹을 수도 없다. 하지만 아침을 챙겨먹어야 할 것 같은 강박은 늘 있다. 코로나 이후 집에 있는 시간이 많아지고 '갓생'이 유행하면서 신체적, 정신적으로 건강하게 아침을 먹으며 하루를 시작하고자 하는 욕망은 커졌다. 그 갭을 메운 것, 귀찮음을 극복하고 건강함에 한발 다가설 수 있도록 도와준 것이 그릭요거트와 그래놀라의 조합이다.

요거트볼에 담긴 그릭요거트와 그래놀라, 거기에 올려진 블루베리와 견과류는 예쁘고 건강하다. 항공샷으로 사진을 찍을 수 있고 우유가 아니어서 속도 불편하지 않다. 게다가 비건이다. 값도 그렇게 비싸지 않다. 마트나 마켓컬리에서 쉽게 구입할 수 있고, 스스로 만들기도 그리 어렵지 않다. 만드는 시간, 먹는 시간, 치우는 시간도 짧고, 심지어 설거지도 간단하다. 무엇보다 그래놀라가 시리얼과 다른 점은 변주 가능성이다. 매일 똑같은 그래놀라를 먹어도 토핑과 그릇을 통해 매일 다른 비주얼을 연출할 수 있고 거기에 자신만의 스타일을 표현할 수 있다. 같은 재료로 꾸준히 다르게 연출할 수 있는 변주 가능성과 스타일의 다양성은 최근 뜨는 트렌드의 공통점이다. 우리가 제공하는 제품과 서비스가 소비자의 스타일에 맞게 다채롭게 변주될 수 있을지 항상 생각해보아야 한다.

그래놀라는 변주 가능성 외에도 지속되는 트렌드의 속성인 접근성, 경제성, 상징성을 모두 갖추고 있다. 접근성은 쉽게 구매할 수 있다는 구매 용이성도 있지만 귀찮지 않아야 한다는 사용 편리성도 포함한다. '내가 이것을 해도 괜찮다'는 이격 없음은 물론이다. 나와 동떨어진 사람을 위한 것이라 여겨지거나 내가 하기엔 너무 부담스러우면 선뜻 손이 가지 않는다. 그래놀라는 어린아이 간식처럼 너무 가볍지도, 지나치게 고급스러운 특별식처럼 여겨지지도 않았다.

경제성은 절대적 가격의 허들은 물론, 원래 이 가격인데 더 합리적으로 구매 가능하다는 사실까지 포함한다. 사람들은 무조건 싼 것에 반응하는 것이 아니라 지성을 발휘하여 더 나은 조건의 거래를 하는 데에서 만족감을 느낀다. 대량으로 구매하면, 마트에서 저렴한 버전을 사면, 만들어 먹으면 원래보다 더 합리적으로 구매할 수 있다는 가능성이 열려 있을 때 확산의 여지도 커진다.

그리고 상징성. 사진 한 장으로 표현되었을 때 나도, 남도 알아보는 함의가 있는가? 시리얼과 달리 그래놀라에는 '비주얼', '스타일', '식단', '제대로'와 같이 자신의 라이프스타일을 보여줄 수 있는 키워드가 사용된다. '간단하게', '대신', '간식' 등 바쁜 한 끼를 때우는 간단 식재료로 인식되는 시리얼과 차이가 있다. 그래놀라는 아침을 꾸준히 챙겨 먹는 사람의 루틴을 보여준다. 그것은 간단함이 아니라 간편함이다. 간단함은 제대로 하지 못하고 임시로 때운다는 부족함을 뉘앙스로 안고 있지만 간편함은 지속적으로 하기 위해 선택된 스마트함을 내포한다.

이 밖에도 내가 추구하는 로망과 현실의 갭을 메워주면서 변주

총론

가능성, 접근성, 경제성, 상징성이 있는 것을 오늘날의 트렌드로 설명하는 것은 얼마든지 가능하다.

전체를 바꾸고 싶지만 현실적으로 불가능할 때 부분적인 공간과 한정된 시간을 로망으로 채우는 경우가 있다. 대표적인 사례가 홈카페와 호캉스다. 북유럽 스타일 또는 미드 센추리 모던 스타일로 인테리어를 하고 싶지만 우리 집의 현실은 체리색 몰딩에 연둣빛 벽지를 두른 전세집이다. 집 전체를 인테리어할 수는 없지만 한 켠에 커피머신을 두고 꽃과 테이블, 예쁜 잔에 담긴 음료와 디저트로 북유럽 스타일을 연출할 수는 있다. 음료는 계절과 기분에 따라 변주 가능하고, 한 장의 사진에 담긴 우리 집 홈카페는 나의 인테리어 감각을 보여줄 수 있다. 그 어느 때보다 각광받는 '홈○○'의 홍수 속에도 홈카페는 지지 않는 트렌드로 남았다. 넥스트 홈카페 후보로는 '홈오피스'가 눈에 띈다. N개의 스크린, 신중하게 고른 헤드셋과 거치대, 책상의 색감과 조명은 일하는 사람 혹은 프로게이머의 일상을 한 컷으로 보여주기에 효과적이다.

'호캉스'는 어떤가. 경제적으로 성공해 조기에 은퇴한 파이어족이 되긴 어렵지만 1박 2일 동안 재벌놀이, 공주놀이, 성공한 직장인 놀이를 해볼 수는 있다. 호캉스로 환대와 대접의 끝판왕, 공간 인테리어의 결정판, 침구와 수건의 최고 경지를 맛볼 수 있다. 많은 이들의 직간접적 경험이 쌓이면서 특급 호텔의 문턱도 낮아졌다. 가격 저항감이 낮아졌고 내가 발 디딜 수 있다는 자신감도 커졌다. 통창으로 즐기는 뷰, 욕실의 거울 셀카, 인피니티풀의 수평선, 조식과

룸서비스가 가세하며 호캉스의 깊이가 더해진다. 제2의 호캉스 후보는 '파인다이닝'이다. 누림의 대중화 흐름 속에 호사를 즐기는 특별한 경험에 대한 투자는 계속될 것이다.

  홈카페와 호캉스가 유럽의 여유로운 삶에 대한 로망이라면 스타벅스와 넷플릭스는 자유롭고 도회적인 미국식 라이프에 대한 동경을 대변한다. 스타벅스는 출근 전 모닝커피를, 넷플릭스는 퇴근 후 맥주를 떠올리게 한다. 현실에서 출근과 퇴근은 수직계열화된 빡빡한 직장과 곧장 연결되는 시간이지만, 스타벅스 커피와 넷플릭스 맥주는 그 시간과 분명한 선을 긋는다. 초창기 스타벅스의 커피 한 잔은 가장 도시적이고 창의적인 실리콘밸리 어딘가로 출근할 것 같은 분위기를 풍겼다. 퇴근 후 넷플릭스 미드를 보며 마시는 맥주 한 잔은 직장에서 가장 중요한 역할을 수행하고 지금 막 돌아온 사람이 긴장을 푸는 상징이었다.
  시간이 지나면서 스타벅스와 넷플릭스에 대한 로망성이 희석되긴 했지만, 빡빡한 직장인의 현실과 당당한 커리어인 사이의 갭을 메워줄 무언가가 필요한 것은 예나 지금이나 마찬가지다. 지금의 로망은 미국식 라이프보다는 서울 라이프에 있다. 오래된 것과 미래적인 것이 공존하는 역동적인 서울에서 치열한 직장인의 긴장을 조이는 혹은 늦추는 상징물로 무엇이 있을까? 장소라면 서울의 로컬리티를 안고 있는 곳, 콘텐츠라면 더 마니악할수록 차세대 스타벅스와 넷플릭스의 후보가 될 가능성이 크다.

에어프라이어와 에어랩, 공교롭게 '에어'로 시작하는 이 두 제품은 전문가의 결과를 원하지만 그렇게 못하는 스킬 사이의 갭을 메워준다. 코로나 이전부터 상승하기 시작해 코로나 이후 더욱 가속화되었고, 지금도 화제성이 떨어지지 않는 에어프라이어의 성공 요인을 잊지 말자. 과정의 번거로움을 없애준 간편함, 단순한 과정을 거친 결과의 전문성, 그리고 간식부터 주식까지, 한식부터 양식까지, 붕어빵부터 맛동산까지 이어지는 무궁무진한 콘텐츠.

에어프라이어의 바통을 에어랩이 이어받고 있다. 소위 똥손도 연출할 수 있는 전문가의 스타일링, 일반 드라이어나 고데기처럼 뜨거워지지 않고 조용하다는 차별성, 점점 다양해지는 스타일링 도구와 끝없이 이어지는 소비자의 내돈내산 간증글, 그리고 다이슨이라는 브랜드의 혁신성, 컬러와 로고의 새로움. 홈쇼핑부터 공식 홈페이지까지, 효도템에서 셀프 선물까지 저변도 넓다. 에어랩의 열풍은 앞으로도 지속될 것이다.

재주 없음과 전문가의 손길 사이의 간극을 메우는 트렌드 제품으로 식물재배기도 눈여겨볼 만하다. 식물재배기는 물통에 물만 넣어두면 알아서 빛을 쪼이고 물을 주어 식물을 길러준다. 말하자면 스마트팜의 가정용 미니 버전으로, 전용 식물팟을 사용해 상추, 허브, 토마토 등 다양한 식물을 기를 수 있다. '나는 선인장도 말려 죽인다'는 사람도 싹을 틔울 수 있다. 직접 물도 주지 않고 쳐다보기만 하는데 이게 식물을 기르는 거냐고 생각할 수도 있다. 그렇다면 다 손질된 재료와 비율이 맞춰진 양념을 냄비에 넣고 끓이기만 하

는 밀키트는 요리가 아닌가? 식물재배 키트라고도 불리는 이 제품
은 많은 사람에게 각광받고 있다. 식물 키우는 재주는 없지만 반려
식물을 기를 수 있고, 노동은 하지 않으면서 뿌듯함은 얻을 수 있는
데 왜 거부하겠는가? 여담이지만 미국에서 가장 유명한 식물재배
기 브랜드는 에어로가든이다. 트렌드 제품이 '에어'로 시작한다는
것은 우연이 아닐 수도 있다.

'스위트홈'에서 '독립된 나'로 변화한 가치관

트렌드가 로망과 현실 사이의 갭을 메우는 방식임을 이해했다면
이제 본격적으로 우리 시대의 로망을 알아보자. 우리는 어떤 사람
으로 남고 싶은가? 어떤 사람으로 보여지고 싶은가? 마침내 우리는
어떤 사람이 되고 싶은가?

개인의 가치관에 따라 되고 싶은 모습이 다를 것 같지만 시대의
흐름은 있다. 1970~80년대는 '스위트홈'이 로망이었다. 이 로망의
상징물은 누비천에 레이스 달린 냉장고 손잡이 커버다. 이 커버는
홈패션으로 가정주부가 직접 만든 것이어야 했다. 손재주 좋은 가
정주부가 살뜰히 돌보는 단란한 4인가족이 잡지 표지 모델이었다.
1990~2000년대는 미국식 라이프가 로망이었다. 마이카 시대가
열리고, 신도시와 대형마트가 들어섰다. 주말에 아빠 차를 타고 근

교의 대형마트에 가서 물건을 가득 실은 카트를 끄는 것이 이 시대의 상징이었다. 2000~10년대의 로망은 '취향과 여유'다. '취향', '여유'라는 키워드가 '일상'이라는 키워드를 역전했다. (코로나 이후 '일상'이 '여유'를 다시 역전했다.) 북유럽식 라이프의 여유, 취향 있는 인테리어, 이국적 휴양지의 느긋한 내 모습을 찍은 사진 한 장이 이 시대의 트렌드 컷이었다. 이때부터 로망을 추구하는 단위는 가족이 아니라 '나'로 좁혀졌다.

〈우리 시대 가치관 요약〉

[종합적으로] **'독립된 나'를 완성하는 것**	• 나만의 공간을 구축하고, 나의 일상을 기록하여 나를 정의하고, 나의 취향과 기호를 진화시켜 온전한 나의 세계관을 빌드업하는 것 • 그러한 내가 경제의 주체가 되고 경제의 기반이 되는 것
[방법론적으로] **효율적으로 성취하기**	• 관계의 피로, 노동의 강도, 실패 가능성은 줄이고, 가시적 성과를 얻어야 한다. • 혼자, 꾸준히, 반드시 성공하는 것 : 지속적으로 하는 것 자체가 목표가 된다. • 결과가 아니라 과정에 상을 주는 100일 챌린지 독려, 반복되는 루틴 안에 자리잡기, 과정을 기록하기 • 핵심 키워드 : 효율, 성취, 자기관리
[방법론이지만 그 자체로 가치관이 된] **간편하게 건강 챙기기**	• 건강이라는 대의에 스마트하게 도달한다. • 건강에는 개인의 정신건강, 신체건강, 지구건강이 포함된다. • 건강을 위해 본인이 직접 할 수 있는 실천이 중요하다. • 핵심 키워드 : '간단' 말고 '간편', 정신건강, 지구건강, 참여와 실천
[결과적으로 완성하고 싶은] **1인분의 자아로 독립하기**	• 모두가 '나'라는 브랜드의 매니저 • 기록을 통해 나를 알아가고, 데이터로 나를 설명하고, 소비로 나를 증명한다. • '내'가 수입의 원천이기를, 경제적으로 독립한 주체이기를 바란다. • 핵심 키워드 : 나는 누구인가, 경제적 독립, 1인분의 몫

2020년대의 로망은 '독립된 나'를 완성하는 데 있다. 모든 관심은 '나'로 집중된다. 나만의 공간을 구축하고, 나의 일상을 기록하여 나를 정의하고, 나의 취향과 기호를 진화시켜 온전한 나의 세계관을 빌드업하는 것, 그러한 내가 경제의 주체가 되고 경제의 기반이 되는 것.

효율적으로 성취하기

2022년 7월 광화문 네거리 대형 서점 아일랜드 매대에 걸린 카피다.

"'갓생러'의 여름을 꽉 채워줄 치트키"

그 아래에는 재테크, 창업, 브랜드, 자기발견에 관한 책들이 놓여 있다. 돈 버는 방법과 자신을 파악하는 방법, 정확히는 자신을 파악하여 자기로부터 돈을 버는 방법에 관한 책들이다. 표지에는 이런 문구도 덧붙여 있다.

"우주에 흔적을 남겨라"

"원하는 것에만 집중해, 당신의 인생을 놀랍게 변화시켜라"

"나만의 천재성을 찾아서"

"주 100시간 노동하는 부자가 아니라 주 10시간만 일해도 부자가 되는 시스템을 만들어라"

"돈에 쪼들리던 가난한 직장인이 불과 2년 만에 경제적 자유를 이룬 비결"

"가장 현실적인 창업해서 돈 벌자"

나를 바꿔서, 나에게 집중해서, 온전히 나로서 돈을 벌자, 그래서 경제적 자유를 획득하자는 것이 이 책들이 표방하는, 지금 우리 사회가 원하는 가치관이다. 여기에는 자신을 버리고 조직에 순응하거나, 돈을 벌기 위해 자신을 내려놓거나, 지금을 담보로 미래를 기약하는 가치관이 담겨 있지 않다. 말하자면 '돈을 벌기 위해 너를 버려라', '직장에서 유체이탈하고 앉아 있어라', '자신이 원하는 것이 아니라 세상이 원하는 것을 하라'는 주문의 반대말이다.

2018~19년에 크게 유행했던 다른 삶에 대한 탐색과 도전, 자신에 대한 토닥임과는 사뭇 다른 결이다. 당시 눈길을 끌던 자기계발 코너의 책들은 '나는 나로 살기로 했다', '어디까지나 제 생각입니다', '나를 위해 ○○하다', '문득 이대로도 괜찮다는 생각이 들었습니다', '혼자가 되었지만 잘 살아 보겠습니다', '서른, 결혼 대신 야반도주', '죽고 싶지만 떡볶이는 먹고 싶어', '조금 다르게 살아도 괜찮아', '회사 부적응, 퇴사 불가능', '오늘도 도망치고 싶지만' 등이었다. '나', '살다', '괜찮다'는 글자가 반복된다. (문장 속에서 키워드를 도려내 숫자를 헤아리는 것이 텍스트 마이닝이다. 그 결과값을 읽고 해석하는 것이 데이터 분석이다. 이것은 직업병일까?) 조직을 벗어나고 싶은 몸부림, 기존의 관행에서 벗어나도 괜찮을 거라는 권유, 나는 나대로 살겠다는 선언들이 담겨 있었다.

그로부터 5년의 시간이 흘렀고, 그사이 코로나를 겪었다. 나대로 살겠다는 선언은 불필요해졌다. 이제는 혼자여도 잘 사는 게 아니라, 당연히 혼자 살아야 한다. 여기에 더해진 것은 '나'를 어떻게 더 공고히 할 것인지, 그렇게 공고해진 '나'가 어떻게 경제적 독립의 시작점이 될 수 있을지 탐색하는 자기발견과 돈벌이의 연관성이다.

그런데 이 책들을 아우르는 말이 흥미롭다. "'갓생러'의 여름을 꽉 채워줄 치트키." 치트키는 게임에서 유저가 쉽게 레벨을 올리거나 특별한 힘을 얻도록 만들어둔 장치다. 게임 개발자가 미리 만들어둔 것이긴 하지만 치트키(cheat key)라는 말에서 알 수 있듯이 정상적인 게임 방법은 아니다. 목표를 쉽게 달성하게 해주는 편법이라는 의미로 쓰이기도 하고, '예능 치트키'라고 할 때는 이 사람만 나오면 실패가 없다는 의미로 쓰이기도 한다. 편법이라는 부정적 의미를 강조하든 실패 없음의 긍정적 의미를 강조하든, 치트키는 빠르고 쉽게 무언가에 도달할 수 있는 방법이다.

그런데 이 말 앞에 붙은 '갓생러'는 부지런히, 열심히 사는 사람을 뜻하는 말이다. 쉽고 빠른 치트키를 원하는 꾸준하고 부지런한 사람, 혹은 꾸준하고 부지런한 사람이 원하는 쉽고 빠른 치트키. 이 모순처럼 보이는 것이 지금 우리 사회가 원하는 방법론이다. 이 방법론을 '효율'이라 부른다. 효율이라 불러 마땅하다는 것이 아니라 이 시대에 효율이 그런 의미로 쓰인다는 것이다. 오른쪽 도표를 보면 지난 5년간 1분기 '효율'이라는 키워드가 해를 거듭하며 1만 건 이상씩 상승했음을 알 수 있다. (2021년 1분기는 네이버 블로그 챌린지의 영향으로 언급량이 급격히 상승했다.)

〈'효율' 언급 추이〉

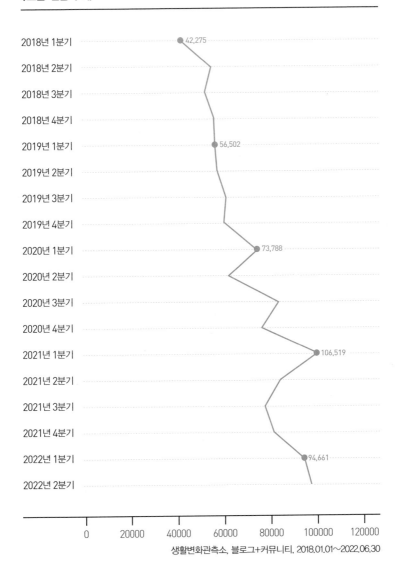

- 2018년 1분기 — 42,275
- 2018년 2분기
- 2018년 3분기
- 2018년 4분기
- 2019년 1분기 — 56,502
- 2019년 2분기
- 2019년 3분기
- 2019년 4분기
- 2020년 1분기 — 73,788
- 2020년 2분기
- 2020년 3분기
- 2020년 4분기
- 2021년 1분기 — 106,519
- 2021년 2분기
- 2021년 3분기
- 2021년 4분기
- 2022년 1분기 — 94,661
- 2022년 2분기

0   20000   40000   60000   80000   100000   120000

생활변화관측소, 블로그+커뮤니티, 2018.01.01~2022.06.30

'효율'의 용례는 이런 식이다.

"그냥 계획만 짜서는 효율을 올리는 것은 도저히 이 의지박약인 나에게는 불가능! 그날 그날의 계획 달성률에 따라 나에게 주어지는 보상과 핸디캡을 적용할 생각이다."
"운동 30분 후에 오전에 졸아서 효율이 떨어짐. 운동은 아무래도 저녁에 하는 것이 나을 듯. 운동을 하면 피곤해져서 다음 목표를 이루는데 효율이 떨어진다. → 자기 전에 운동하기"

효율은 들인 노력과 얻은 결과의 비율로 셈한다. 인풋은 적은데 아웃풋이 많을 때 효율적이라고 말한다. 에너지 소비 효율, 효율적 자원 관리처럼 사용자가 고용자 또는 기계의 효율을 따진다. 반면 위에 인용한 효율은 다른 대상이 아니라 자기 자신을 향한 효율, 나의 시간을 어떻게 잘 쪼개서 사용할 것인가의 효율이다. '효율'은 주로 공부에 쓰이지만 학업이나 업무뿐 아니라 운동 등 여가생활에까지 영향을 미치고 삶으로 확장된다. 무엇을 하든 효율적이어야 한다. 그래서 효율을 높이는 다양한 툴을 적극적으로 이용한다. 같은 플랫폼 안에서 시공간을 초월해 함께하는 것도 각자의 효율을 극대화하는 방법이다. 효율 추구 방법은 다음과 같이 진화한다.

1단계. 효율을 위해 루틴을 짜고 기록한다.
"효율을 올리기 위해 이 블로그에는 매일매일의 계획과 달성률

쉽고 빠른 치트키를 원하는
꾸준하고 부지런한 사람,
혹은 꾸준하고 부지런한 사람이
원하는 쉽고 빠른 치트키.
이 모순처럼 보이는 것이
지금 우리 사회가 원하는 방법론이다.

과 보상의 결과에 대해서 기록하고자 한다."

2단계. 기록을 공유하고 실시간 함께한다.

"○○이랑 스터디윗미. 오늘 아침부터 저녁까지 ○○이랑 줌 켜 놓고 공부했다. 공부 반 수다 반(?) 그래도 서로 감시하니까 효율이 좋다."

3단계. 플랫폼을 통해 광범위하게 연대한다.

"돈 다음으로 효율이 좋은 게 함께하는 것. 그래서 어려운 목표는 챌린저스 앱을 잘 이용하고 있다(특히 기상!)"

'루틴'이 뜨고, '기록'이 뜨고, '연대'가 뜬다. 이 모든 것이 효율을 증대하는 방법이다. 무엇을 위한 '효율'일까? 효율의 대상은 다름 아닌 자기 자신이다. 자기 자신을 효율적으로 관리하여 가시적인 성과를 얻어내는 것, 그것이 이 시대의 목표다.

꾸준하고 부지런한 삶을 사는 사람 : 꾸준함 자체가 성과

결과로 얻을 수 있는 게 없는 세상인데 효율적인 성취는 중요하다. 하여, 달성 가능한 목표를 스스로 설정하고 성취 과정을 기록함으로써 나의 효능감을 획득한다. 결과가 아니라 꾸준히 하는 행위 자체가 목표라면 해볼 만하다.

어려운 것은 꾸준히 할 수 없다. 마라톤이 아니라 즐겁게 30분 걷기/달리기 코칭앱 '런데이'가 뜨는 이유다. 마라톤 완주가 목표이고 이를 위해 석 달간 연습한다면 결과는 마라톤 완주 실패 또는 성공 둘 중 하나로 판가름 나고, 그 하나를 위해 쏟아부은 석 달의 기간은 비효율적인 과정으로 남는다. 하지만 하루 30분 달리기를 목표로 삼고 석 달을 달렸다면, 매일매일의 성취가 석 달간 이어진다. '과정'이 '결과'보다 쉽다고는 할 수 없지만 달성 가능성은 높다. '성실'이 '창의'보다 우위에 있다고 할 수는 없지만 성실은 증명 가능하다. 100점짜리 창의성은 사진 한 장으로 보여주기 어렵지만 100일짜리 성실함은 논쟁 없이 확인 가능하다.

효율적인 성취라는 열망과 성취할 것이 없다는 현실 사이의 갭은 꾸준한 치트키라는 트렌드를 통해 메워진다. 꾸준함과 치트키의 결합은 '매일 먹는', '매달 가는', '매주 쓰는'과 같이 반복되는 행동에 방점을 둔다. '이거 하나면', '평생 한 번만 하면'의 반대말들이다. 예를 들어보자.

매일 먹는 영양제. '식탁'의 연관어로 '영양제'가 상승하는 것이 관측된 것은 2019년 하반기였다.[2] 유산균에서 시작해 루테인, 비타민, 콜라겐으로 종류도 다양해지는 중이다. 아픈 데가 있거나 나이 들어서 먹는 게 아니라 누구나 먹는다. 보편화된 영양제의 특징은 한약처럼 부담스럽지 않으며 매일 먹는다는 것이다. 매일 먹기 위해서는 맛있어야 하고 목 넘김이 좋아야 한다. 이른 아침, 손바닥에 놓인 영양제 한 줌은 꾸준함과 치트키 결합의 대표적인 장면이다.

---

2) 생활변화관측지, Vol.9, "영양제가 식탁으로 올라오다, '약'보다 챙겨 먹는 '식사'에 가까워지다"

치료가 아니라 피부 미용을 위해 찾는 피부과, 소위 에스테틱 피부과를 가는 목적은 크게 두 가지로 나뉜다. 매주, 매달, 꾸준히, 주기적으로 가는 관리 목적이 하나이고 결혼식, 기념일, 소개팅 등 이벤트성 목적이 다른 하나다. 2019년부터 주기적 관리 목적의 피부과 방문이 늘었다. 성형 말고 시술이 뜨고, 이벤트성이 아니라 지속적 관리형이 뜬다. 피부과 시술은 더 이상 부정적 의미의 치트키가 아니라 효율적 자기관리로 자리잡았다. 꾸준한 자기관리가 목표가 되고, 관리의 도구로 자리매김한 서비스가 뜬다. 발걸음은 잦아져야 하고, 노동의 강도는 낮아져야 한다.

블로그 주간일기 챌린지는 《2022 트렌드 노트》에서 이미 다루었다. 블로그에 대한 관심은 그 후로도 계속되었고 더욱 강화되었다. 흥미로운 것은 관점의 이동이다. 블로그를 바라보는 관점은 '누가 파워블로거인가?'에서 '누가 지속적으로 쓰는가?', '너도 쓸 수 있어'로 바뀌었다. 핵심은 영향력이 아니라 꾸준함이다. 블로그의 마케팅도 변했다. 경쟁을 부추기기보다 '잘한다, 잘한다'고 독려한다. 상위 10명에게 큰 상을 주는 대신 인증도장을 찍은 모두에게 작은 상을 준다. 선망받는 블로거들은 이제 이렇게 말한다. "나는 평범했어요. 블로그를 매일 쓰다 보니 인생이 달라졌어요. 여러분도 할 수 있어요."

관계의 피로, 노동의 강도, 실패 가능성은 줄이고 가시적 성과를 얻을 수 있게 도와주는 제품과 서비스가 되자. 꾸준한 과정 자체가 가시적 목표가 될 수 있다. 결과가 아니라 과정에 상을 주어야 한다. 꼭 기억할 단어는 이것이다. 효율! 성과!

간편하게 건강 챙기기

영양제에서 살펴보았듯이, 간편하게 건강을 챙기고자 하는 욕망은 효율적으로 성취하기의 한 영역이다. '간편'은 '효율'에, '건강'은 '성취'에 대응된다. 그럼에도 간편과 건강을 별도로 다루는 이유는 건강이라는 가치가 성과의 하나로 묻히기 어려운 목적성 가치이기 때문이다. 또 다른 중요한 이유는 효율적 성취가 주로 의무와 관련된 것이라면, 간편하게 건강 챙기기는 반드시 하지 않아도 되는 추가적 목적임을 강조하기 위해서다.

예를 들어 세탁기와 식물재배기는 목적이 다르다. 마찬가지로 식기세척기와 수비드머신은 존재이유가 다르다. 전자(세탁기, 식기세척기)가 하지 않을 수 없는 의무의 노동을 대신하는 것이라면, 후자(식물재배기, 수비드머신)는 필수적이지 않은 일을 위한 것이다. 이 4가지 기기에 공통으로 기대하는 것은 적은 노동의 투입과 실패 없는 가시적 성과다. 다시 말해 효율과 성취가 중요하다. 하지만 후자의 경우는 안 해도 된다는 선택지가 있는데도 그야말로 일부러 애써 하는 것들이다. 그리고 일부러 하는 것에서도 효율을 추구한다. 그 성취는 건강이라는 목표와 연결된다.

밀키트는 간편하게 건강 챙기기의 대표적인 사례이자 이 시대 식생활 트렌드의 집약체다. 집에서 밥을 해 먹는 상황에서 냉장고 다음으로 많이 나오는 키워드가 '밀키트'다.[3] 밀키트는 코로나 이전에는 전혀 움직이지 않다가 코로나 이후 급상승했다. 밀키트가 코로나 이후 급상승한 이유는 경쟁자가 달라져서다. 코로나 이전에 밀키트는 장을 봐서 해 먹는 것이나 레토르트 식품과 비교되었다. 재료비를 생각하면 밀키트는 지나치게 비싸다. 그리고 한 팩에 모든 재료가 다 들어 있어서 쏟아붓기만 하는 레토르트와 비교하면 밀키트는 애매하게 복잡하다.

코로나 이후 외식이 제한되고, 배달을 급격히 많이 시켜 먹고, 하루 세끼를 꼬박꼬박 챙길 수밖에 없게 되자 밀키트는 배달음식이나 외식과 비교되었다. 밀키트는 배달음식보다 건강하고 질리지 않는다. 외식에 비해 값이 싸고 나가서 먹는 번거로움도 없다. 무엇과 비교되는지가 그 제품의 정체성을 규정한다. 집밥보다 비싸고 애매하게 복잡하던 밀키트는 코로나 이후 배달보다 건강하고 외식보다 효율적인 식사 대안이 되었다. 초기의 밀키트는 칼과 도마를 쓰지 않고 된장찌개를 끓일 수 있다고 강조했지만, 지금의 밀키트는 동대문 닭한마리 골목의 그 레시피를 그대로 가져왔다고 강조한다.

밀키트의 교훈을 기억하자. 목표는 건강이다. 방법은 간편해야 한다. 결과에 관한 한 타협은 없다. 전문가의, 오리지널의 결과 그

---

3) 생활변화관측지 Vol.35, "食의 중심으로 자리잡은 3대장: 에어프라이어, 배달의민족 그리고 밀키트"

대로 가져와야 한다. 그 방법이 '키트'에 담겨 있다. 앞으로는 밀키트뿐 아니라 삶의 '키트'가 주목받을 것이다.

정신과를 바라보는 태도의 변화 역시 간편하게 건강 챙기기 트렌드를 반영한다. '정신과'에 대한 언급은 2018년 1000건대에서 2019년 2000건대, 2020년 코로나 이후 3000건대로 증가했고, 그 후로도 꾸준히 상승 중이다. 연관어도 달라졌는데, 2020년 이후 '직접', '추천', '의지' 등 스스로 선택하는 능동적인 키워드가 떠올랐다.[4] 밀키트가 '집밥 대신'이 아니라 '레스토랑 대신'으로 자리잡은 것처럼, 정신과가 '정신에 문제 있는 사람'이 가는 곳이 아니라 '능동적으로 정신건강을 챙기는 현대인이 찾아가는 곳'으로 인식된다면 정신과야말로 가장 효율적으로 정신건강을 챙기는 방법이 될 수 있다.

관점을 달리해보자. 정신과를 많이 찾고 관련 약을 거부감 없이 받아들이는 현실을 현대인의 정신건강 악화가 아니라 간편하게 건강을 챙기고자 하는 효율적인 방법론이라 여긴다면 정신건강 산업이 달리 보일 것이다. 치료, 다시 말해 문제를 제거하는 빼기의 산업이 아니라 자기관리라는 가치를 더하는 산업이 되면 저변이 넓어지는 것은 물론이고 긍정의 산업이 된다. (정신건강과 관련해서는 2장에서 자세히 다룬다.)

---

4) 생활변화관측지 Vol.35, "적극적으로 찾아가는 '정신과', 편견은 사라지고 있다"

캠핑의 도구들이 보여주는 효율적 건강 추구, 특히 간편과 가벼움의 가치도 간과하면 안 된다.

캠핑의 장면에 들어가는 제품이 늘고 있다. 이불, 파라솔, 식탁과 같은 리빙 제품은 물론 커피머신, 전자레인지, 에어프라이어 등 가전제품까지 캠핑의 준비물 리스트에 들어가고 있다. '이럴 거면 그냥 집에 있지?' 싶지만, 즐거운 마음으로 기꺼이 바리바리 챙겨서 집을 나선다. 파라솔에 아웃도어 실링팬을 설치해 폭염을 피하고, 캠핑장에서 맞이하는 원두향을 위해 커피머신도 챙긴다. 빔프로젝터를 가져가면 캠핑장이 야외 영화관이 되기도 한다. 자발적으로 자연에 찾아 들어갔지만 문명의 이기를 포기하지 않는 것이다. 앞으로 전기차가 범용화되면 캠핑에 가져가는 전자제품은 더욱 늘어나고, 강화될 것이다. 내가 가는 곳 어디든 전기차가 파워뱅크가 되어줄 것이기 때문이다.

캠핑에 관심이 없어도 캠핑이 가져올 파급력은 주목할 필요가 있다. 간편한 조리가 가능한 식품들, 선이 없고 가벼워지는 전자제품들. 캠핑에만 사용하는 건 아니지만 캠핑에도 쓸 수 있다는 사실이 지름의 명분이 된다. 원초적 자연과 문명의 이기의 조화, 어느 하나 포기하지 않는 인간, 이를 가능하게 하는 '간편'과 '가벼움', '무선'의 가치에 주목하자.

한 알의 영양제, 밀키트 요리, 정신과의 약, 캠핑에 바리바리 싸가는 도구들… 하지 않던 것을 하고, 안 해도 되는데 굳이 해가며

건강을 돌본다. 그 방법은 스마트함이다. '간단'하게 때우는 것이 아니라 '간편'하게 챙긴다.

건강에는 지구건강도 포함된다. 코로나 이전 한국에서 착한 소비는 역설적이게도 이기적인 소비와 통하는 면이 있었다. 유기농 제품을 사 먹이고, 자연주의 화장품을 쓰는 것은 가족과 나를 위해서지 지구 환경이나 타인의 권리를 위한 것은 아니었다. 친환경 철학을 가진 브랜드를 선택하는 것도 실질적인 지구 환경을 생각한다기보다 내가 그 제품을 알아보았다는 사실을 알려주는 배지(badge) 역할이 컸다. 그러다 코로나 이후 지구의 건강을 지킨다는 대의가 개인의 일상생활과 긴밀히 연결되었다. 택배에 따라오는 완충제 하나, 생수통 라벨 하나, 커피 한잔의 빨대와 홀더도 무심히 넘기지 않고 한 번 더 생각한다. 지구건강을 지키는 방법 역시 간편하고 스마트해야 한다.

편의점에서 만나는 비건 트렌드부터 살펴보자. 비건은 코로나 이전부터 글로벌 트렌드였다. "비건은 미국, 영국, 호주 소비자를 중심으로 행해지는 'Hip' 스타일로 인식됨. 글로벌 문화 경험이 많고 트렌드에 민감한 사람에게 비건은 시도해보고 싶은 라이프스타일이지만 국내에서 비건 마켓은 형성되지 않은 상태." 2018년 비건 관련 보고서의 내용이다.

한국에서 비건은 명확히 코로나 팬데믹 이후 증가했다. 2018년 하반기 대비 2020년 하반기 비건은 3배 이상 증가했고, 2022년 현

재도 지속적으로 증가하고 있다.[5]

한국에서 비건이 뜨기 시작하면서 함께 주목받은 비건의 1등 연관 브랜드는 '아몬드브리즈'다. 아몬드브리즈는 커피도, 탄산도, 물도 아니다. 두유와 유사한 우유 대체품이라는 카테고리를 고려하면 이렇게까지 많이 언급될 브랜드가 아니다. 그럼에도 비건과 연관해 가장 많이 언급된 이유는 '편의점에서 만나는 비건 제품'이라는 포지셔닝 덕분이다. 지구를 생각해서 오늘 하루만 비건을 하기로 한 사람이든 넷플릭스 다큐멘터리 시청 이후 비건을 결심한 사람이든, 목마를 때 음료 한잔은 해야 한다. 하루 세끼를 비건식으로 하거나 비건 식당을 찾는 것은 가능하지만, 지나는 길에 비건 제품을 찾기는 오히려 어렵다. 그래서 진지하게 비건을 표방하는 제품보다 흔히 먹는 제품을 대체해주는 비건 제품이 각광받는다. 일반 양념을 대신하는 샘표 연두, 라면과 냉동만두를 대체하는 오뚜기 비건라면과 풀무원 식물성 만두, 편의점에서 파는 나뚜루 식물성 아이스크림. 비건이 삶에 들어올 때 필요한 것은 쉬운 접근이다. 가장 큰 대의와 가장 쉬운 방법의 만남, 비건-아몬드브리즈의 교훈이다.

지구를 지킨다는 대의를 다룰수록 중요한 것은 진정성보다는 실천성이다. 정확히 말하면 소비자를 끌어들이는 것이 중요하다. 진정성만으로는 부족하다. 소비자가 어리석거나 관심이 없어서가 아

---

5) 생활변화관측지 Vol.20, "건강한 식습관에서 삶의 수식어가 된 비건"

니다. 특정 기업이 수익을 포기하면서까지 얼마나 ESG를 진심으로 추구하는지 소비자가 알기도 어려울뿐더러, 자신의 SNS에 남의 기업 이야기를 올릴 이유가 없다. 하지만 내가 길을 가는데 브랜드 로고가 박힌 포대에 쓰레기를 주워오면 작은 선물을 주겠다고 하면 기꺼이 포대를 받아 든다. 나의 SNS에도 당연히 올린다. 일방적으로 매장에서 빨대를 치우는 것보다 빨대를 선택하지 않을 수 있는 선택지를 줄 때, 공병을 다시 받을 준비를 하고 있을 때 소비자의 관여도가 올라간다. 연구소에서 친환경을 연구하는 직원보다 출장지에서 플로깅을 하는 해당 브랜드 직원의 모습을 보았을 때 더 진정성이 느껴진다.

즉 중요한 것은 진정성보다 관련성이다. 친구를 얻으려면 남몰래 친구를 위해 기도하기보다는 친구의 동선에서 얼굴을 자주 비춰야 한다. 친구와 함께할 수 있는 활동을 생각해내고 손 내밀어야 한다. 가장 큰 대의에 대한 브랜드의 생각에 소비자가 직접 손댈 수 있게 만들어야 한다. 너의 진정성보다 나의 실천성이 기억에 오래 남는 법이다.

3월 22일, 4월 22일, 6월 8일은 무슨 날일까? 각각 세계 물의 날, 지구의 날, 세계 해양의 날이다. 코로나 이전에도 있었지만 아무도 주목하지 않았다가 코로나 이후 환경과 관련해 주목받기 시작한 날들이다.《2022 트렌드 노트》에서도 다루었듯이, 특별한 날을 자신만의 방법으로 보내는 사람들이 늘고 있다. 여기에 환경 관련된 날의 리추얼이 더해진다. 지구의 날을 맞이하여 사람들은 제로웨이스트, 플라스틱 용기 안 받기, 동구밭 샴푸바 구매하기를 실천한다. 그렇게 지구의 날과 '동구밭' 브랜드의 연관도가 증가했다. 동구밭은 2019년까지 100건 미만으로 발현되는 브랜드였다. 그러다 2020년 하반기부터 언급이 급상승해 '동구밭 수제비누'라는 특정 제품 키워드가 2022년부터 1000건 이상 발현되었다.

동구밭은 비장애인과 장애인이 함께 만드는 지속가능한 일상 제안 브랜드를 표방한다. 수제비누가 먼저 주목받고 샴푸바가 바통을 이어받았다. 샴푸바는 액체 샴푸와 달리 플라스틱통을 쓰지 않는다. 고체 비누, 고체 바디워시, 고체 샴푸를 사용하면 자신의 욕실에 플라스틱 통을 더 이상 들이지 않아도 된다. 2020년대 욕실의 혁명이다. 2020년 이전에 욕실의 혁명을 가져온 브랜드는 '이솝'이었다. 투명 갈색병에 영어가 많이 쓰인 베이지색 라벨은 이솝의 시그너처로, 이후 욕실용품의 대표적인 디자인이 되었다. 이솝 병이 놓인 미니멀한 욕실 디자인, 취향이라 불리는 카페 감성, 인스타그램 감성. 기존의 알록달록한 욕실용품 디자인은 물론 욕실 디자인, 조명과 수전까지 이솝 브랜드에 어울리게 바뀌었다.

이제 욕실은 통이 없는 고체 제품들을 어떻게 놓을 것인가에 따라 결정될 것이다. 쓰레기가 나오지 않는 고체 제품, 그 제품을 싼 종이, 그 제품을 담아 걸어두는 망. 브랜드라면 지구의 날과 더불어 이러한 제품들이 가져올 색감의 변화에 주목해야 한다.

편의점에서 만나는 쉬운 비건, 내 손으로 직접 하는 쉬운 환경 보호, 내 욕실부터 바꾸는 작은 실천. 지구라는 거대함과 내 손이라는 쉬움을 연결하는 것이 트렌드다. 개념 있는 브랜드의 행동은 이 둘을 연결시켜야 한다.

1인분의 자아로 독립하기

우리 사회의 꿈은 한마디로 '독립'이다. 돈을 많이 벌고 싶다, 일을 덜 하고 싶다, 행복하고 싶다, 괜찮은 사람처럼 보이고 싶다 등, 동서고금을 막론하고 늘 있었던 욕망에 더하여 이 시대의 욕망은 '독립'이다.

'개인', '1인', '혼자', '나'를 둘러싼 강의를 하면 늘 따라오는 질문이 있었다. "우리 사회가 언제부터 이렇게 이기적이 되었단 말입니까?" "도대체 나를 중요시하지 않는 사람도 있단 말입니까?" 전자는 삼성동 고층빌딩에서 의사결정자의 목소리로 들었고, 후자는 용인시 기업연수원의 신입사원에게서 들었다.

때는 2013년 말(공교롭게 딱 10년 전) 한국에서 가장 많이 파는 육아용품 회사에서의 일이다. 당시 프로젝트 주제는 '엄마의 행복한 순간은 언제인가?'였다. 엄마가 행복한 순간은 당연히 아기와 연관된 순간일 테고, 그 순간을 광고 캠페인의 메시지로 활용하기 위해서였다. 그전까지 이 회사 광고 캠페인에는 늘 아기만 등장했다. 하지만 시대가 바뀌어서 이제 아기뿐 아니라 엄마도 중요해졌으므로 파격적으로 엄마의 모습을 담기로 한 것이다. 캠페인에 담게 될 엄마의 행복한 순간, 그때의 모습이 어떠한지를 데이터로 탐색하는 것이 본 프로젝트의 주제였다.

결과는 두 가지 면에서 당황스러웠다. 하나는 엄마가 별로 행복하지 않다는 것이고, 다른 하나는 엄마가 행복한 순간은 아이와 떨어져 혼자만의 미타임(me-time)을 가질 때라는 것이었다. 양육 중에 자기만의 시간을 갖는 미타임은 그때만 해도 한국에서는 생소한 단어였다(최근에는 '자유부인 타임'이라는 표현이 쓰인다). 해외에서는 주로 욕실에서, 한국에서는 집 근처에서 커피 한잔 하는 방식으로 미타임을 가졌다. 엄마의 시간은 '생기는' 것에서 '가지는' 것, '필요한' 것, 적극적으로 '만드는' 것으로 바뀌었다.

이는 아이나 가정이 소중하지 않다는 게 아니라 개인의 시간이 동등하게 소중하고, 절대적으로 필요하다는 뜻이다. 이 사실은 그때나 지금이나 변함이 없다. 달라진 것은 미타임이 필요하다고 요구할 수 있는 사회 분위기가 형성되었다는 사실이다. 이제는 이런 프로젝트 결과에 놀라지도 않을뿐더러 큰 회의실에서 '언제부터 이기적이 되었단 말입니까?'라고 질문하지는 못할 것이다.

이렇듯 '나'라는 주제는 '나만의 시간을 원해'에서 '나만의 시간이 필요해', '내 시간을 갖는 건 당연해'로 진화했다. 그에 따라 '내 기준으로 살아도 되지 않아?'라는 삶의 방식으로 확장되었고, '그렇다고 조직이 중요하지 않다거나 나만 중요하다는 건 아니야'라고 첨언했다. 지금 우리가 트렌드를 논하면서 추가해야 하는 안건은 '나는 1인분의 몫을 하고자 한다', '너도 1인분의 몫을 해주기 바란다'는 1인분 논쟁이다. 이렇게 '나'는 조직(혹은 집단)에서 분리되어 나왔고, 자기 기준(취향, 삶의 가치관)으로 확장되었고, 경제적 자립으로 종지부를 찍는다. 오늘날 '나'의 핵심은 '혼자'가 아니라 '독립'이다.

독립에 대해 3가지 측면을 살펴보자. 첫째는 팀원으로서의 독립으로, 일하는 방식과 관련이 있다. 둘째는 가구 단위로서의 독립으로, 주거 및 살림살이 방식과 관련이 있다. 마지막으로 경제주체로서의 독립은, 돈을 벌고 쓰는 방식과 연결된다.

첫째, 팀원으로서의 독립.

독립이 꿈일 때 일하는 방식도 달라진다. 팀에 속하는 것이 아니라 팀을 구성하는 동료와 함께 일하는 것이다. 혼자 1부터 10까지 모두 해내겠다는 것이 아니라, 개인사업자와 같은 개인들이 유기적으로 일하는 것이다.

팀으로 일하면서도 독립을 추구하는 모습은 '1인분'이라는 단어로 대표된다. 1인분이라는 단어를 모르는 사람은 없지만 1인분 하면 떠오르는 단어는 각자 다르다. 여기서 1인분은 메뉴 중 1인분이 아니라, '팀플레이에서 1인분의 몫을 해내는가'의 1인분이다.

지난 3년간 '1인분+해내다' 언급량이 3배 증가했다.[6] '1인분을

---

6) 생활변화관측지 Vol.34, "게임 세대의 요청, 1인분은 해주세요"

해낸다'는 담론은 게임에서 출발했다. 여럿이 함께 팀플레이를 하는 경우, 게임 전적 검색사이트에 가보면 나와 우리 팀원들이 몇 인분을 했는지 볼 수 있다. Id:○○ 1.8인분, id:××× 0.8인분, 이런 식으로 여럿이 함께하는 게임에서 본인과 상대가 어느 정도 기여했는지가 숫자로 명확하게 표시된다. 이때의 1인분이 스포츠에서 과제, 회사 그리고 인생으로 확장되고 있다.

사용 상황을 보면 이렇다. 처음에는 게임 팀플에서 1인분을 제대로 해내자는 의미로 쓰였다. "친구들과 롤(LoL) 하는데 긴장되고 미안하지 않게 최소한 1인분을 하는 법이 뭐가 있을까요?" 스포츠로 확장되면 "손흥민 선수 참 대단하다. 유럽에서 1인분 이상 하는 사람이 한국에 언제쯤 다시 나올까?" 학교 과제할 때도 "팀플 때 제발 1인분은 하자. 교대 특성상 팀플 진짜 많은데 1인분 하는 게 사람과 사람 간의 최소한의 예의지." 현실 삶에서도 1인분을 계산하고 1인분을 하는 것이 공정하다고 생각하게 된 것이다. 회사에서도 예외는 아니다. "회사에서 아직 1인분도 못하고 있는 친구가 대학원 다닌다고 하니…." 인생에서도 1인분을 생각한다. "34살에 9급 일행 합격하면 늦은 건가요? 뭐 1인분 한다는 거고 자기 인생 자기가 사는 거고…."

게임의 사고방식이 사회의 뉴노멀(new normal)로 자리잡는 경우가 있다. 게임에서 시작한 1인분 사고방식은 팀이 잘한 것과 내가 잘한 것은 구분된다는 사고이고, '나는 내 역할을 다하겠다, 너도 네 역할을 다해라'라는 사고다. 한편 1인분은 덜 해도 안 되지만 더

해도 억울하다. 정확히는 더 할 필요가 없는 것이다. 1인분 이상 요구하는 것은 부당한 것이 된다. '좋은 동료가 최고의 복지'라는 말이 있다. 1인분을 해낼 수 있는 사람들로 구성된 팀, 그 안에서 자기 몫을 정확히 하는 것. 1인분은 그러한 사고를 상징하는 표현이다.

둘째, 가구 단위로서의 독립.

독립은 1인가구와 관련이 있다. 하지만 1인가구와 일치하는 것은 아니다. 독립은 혼자 사느냐 같이 사느냐의 문제가 아니라 혼자서도 품위를 유지하는 방법과 연관된다.

10년 전의 또 다른 프로젝트를 소환하자. 프로젝트의 핵심 질문은 "성인용 기저귀 시장의 마케팅 커뮤니케이션을 누구에게 할 것인가?"였다. 요실금이 있는 노인에게 필요한 성인용 기저귀를 자녀가 대신 구매한다면 자녀에게, 본인이 직접 구매한다면 노인 대상으로 마케팅을 해야 한다. 프로젝트팀은 자녀가 타깃이라는 가설을 세웠다. 엄마가 아기 기저귀를 사듯이 자녀가 부모를 위해 기저귀를 구매한다는 것이다. 그리고 그 회사는 실버 타깃보다 그들의 자녀 타깃에게 마케팅하는 데 익숙했다.

그러나 결론은 가설과 정반대였다. 분석 결과 노인은 누구보다, 무엇보다 독립을 원했다. 어찌 보면 당연한 결과다. 몇 세 이상의 사람들 3분의 1은 요실금이 있다고 하지만, 그 3분의 1에 내가 속한다는 것을 자녀에게 말하기는 쉬운 일이 아니다. 하물며 자신이 쓸 기저귀를 대신 사오게 한다니 상상하기도 싫은 일이다. 노인의 자녀 나이대 사람들은 노인을 돌봄의 대상으로 보는 실수를 하기 쉽다. 하지만 노인은 엄연한 성인이다. 어쩔 수 없는 상황이 아니라면 혼자서 해내고 싶다. 특히 신체의 약점, 부끄러움과 관련된 것이라면 더욱 혼자 처리하고 싶다.

노인을 포함한 1인에 대해 우리는 독립을 존중하기보다 도움의 손길을 내미는 데 익숙하다. 독립을 원하는 1인이 기본인 사회에서 필요한 것은 호의적 도움이 아니라 그런 도움이 필요 없는 제도다. 코로나는 '함께'를 위험한 것으로, '혼자'를 기본으로 인지하게 만들었다. 보호자가 필요 없는 병원처럼 혼자서도 문제없도록 시스템이 도와줘야 한다. 과거에는 가족이 메우던 호의의 틈을 이제는 시스템이 메울 것이다.

마케팅도 마찬가지다. 기본적인 타깃의 단위를 독립적 개인으로 바라보아야 한다. 제품과 서비스는 개인의 독립을 완수해주는 방향으로 가야 한다. 식기세척기는 가족 사랑을 위해서가 아니라 설거지 담당자의 시간을 존중하기 위해 존재해야 한다. 각자의 시간, 각자의 공간, 각자의 기기, 개인이 애착을 갖고 '내 것'이라 부를 수 있는 것을 만들 때 승산이 있다.

셋째, 경제주체로서의 독립.

경제주체로서의 독립에는 다시 두 가지 측면이 있다. 하나는 소비의 측면에서 새로운 경제주체가 등장했다는 것이다. 부모의 보호 아래 있거나, 결혼하고 배우자와 재정을 공유하는 사람이 아니라 독립된 소비주체로서 자신의 소비항목을 하나하나 챙기고 신용카드 이익을 따지고 돈 아끼는 방법을 대규모 플랫폼에서 공유하는 새로운 소비주체의 등장이다.

돈에 철저하고 민감한 이 소비주체는 2021년 말 신한 더모아 카드 대란(?) 때 명확히 드러났다. 보통 개별 카드 브랜드명은 월 500건도 언급되지 않는다. 많이 나오는 현대카드 제로가 월 200건 정도다. 그런데 신한 더모아는 2021년 12월 한 달에만 1200건 넘게 언급되었다. 신한 더모아 카드는 5000원 이상 결제 시 뒷자리만큼 포인트로 적립해주는 무시무시한 혜택을 내세웠다. 5990원 결제하면 990원이 포인트로 쌓이는 것이다. '그런 경우가 얼마나 있겠어?'라고 생각했지만 그런 경우를 만들어내기 시작하니 적지 않았다. 사람들은 다양한 방식으로 뒷자리 적립 꿀팁을 공유했다. 매일 5999원씩 통신비 분할 납부(매월이 아니라 매일이다), 주유비 1원 포인트 결제하고 5999원은 카드 결제, 오프라인에서는 100원을 내고 뒷자리 900원을 만들어서 결제하기 등. 이런 카드를 '지성카드'라 한다. 신한 더모아 카드 단종 소식에 2021년 말 사람들은 신한카드 서버가 터지도록 신청을 했고, 2022년 3월까지 차례로 카드를 발급받았다.

신한 더모아 카드의 교훈은 ① 돈을 아끼는 것은 짠내가 아니라 스마트함이라는 것이다. 정보는 공유되면서 집단지성으로 승화한다. ② 이 정보를 공유한 사람들이 맘카페의 주부가 아니라는 점이다. 이 정보는 2030이 많은 플랫폼의 신용카드 갤러리, 스마트한 소비 꿀팁 사이트 등에서 주로 공유되었다. 그들이 가구의 새로운 경제주체가 되었기 때문이다. 기업과 브랜드들은 새로운 소비주체로서 그 사람들을 주목해야 한다.

경제주체로서 다른 측면은 돈벌이의 새로운 방법을 모색한다는 것이다. 그 원천은 바로 '나'다. 2020년 코로나 이후 돈과 관련된 키워드가 급상승했다. '1억 모으기', '경제적 자유', 'N잡'은 단순히 돈을 많이 벌고 싶다는 욕망만으로는 이해하기 어렵다. 여기에는 내가 정말로 오래 살 것 같다는 예상, 그리고 노후에 도움받을 곳이 정말로 없다는 상황 인식, 그래서 스스로 경제적 자유를 이뤄야 한다는 압박, 그리고 그 시작점으로서 1억이라는 시드머니, 목표로서의 경제적 자유, 그 목표를 이루는 안정적 수단으로 N잡이 들어 있다.

N잡의 연관어로 항상 등장하는 것은 '경제적 자유', '부캐', '크리에이터', '콘텐츠', '플랫폼'이다. 기존의 투잡이 생계를 위해 어쩔 수 없이 다른 일을 하는 것이라면, N잡은 자신의 관심사나 흥미를 기반으로 경제적 자유를 이루어내고자 또 다른 나를 만들어보는 시도다.

이를 가능하게 하는 것은 플랫폼이다. 거대한 플랫폼은 개인을 개인으로 드러나게 한다. 그리고 드러난 개인은 그 자체로 돈을 벌 수 있다. 유튜브는 거대한 플랫폼이지만 그 안에 있는 것은 개인이다. 당근마켓은 거대한 플랫폼이지만 거래는 개인과 개인이 한다. 네이버 스마트스토어에 입점한 개인 상점은 오프라인 대형마트에

'나'의 핵심은 '혼자'가아니라
'독립'이다.

납품한 개인과 달리 자기 이름을 갖는다. 모두가 '나'라는 브랜드를 관리하고 있다.

자기를 기록하고, 본인을 데이터로 설명하고, 자신을 증명하려는 것 모두 이러한 인식과 관련이 있다. 기록이 수입을 위한 것만은 아니지만, 수입의 원천일 수 있다는 인식이 없다면 기록은 과거의 일기장과 다를 바 없을 것이다. 지금의 기록이 지극히 개인적이면서도 공개적으로 읽힐 수 있는 이유는 독립을 열망하는 개인이라는 브랜드를 담고 있기 때문이다.

이 시대의 주제는 자아와 독립이다. 모든 관심사가 '나'로 집중된다. 내가 누구인지 MBTI로 설명하고, 민초단 또는 반민초단임을 밝히고, 아침샤워파/저녁샤워파를 따진다. 깻잎논쟁, 새우논쟁으로 자신의 의견을 밝힌다. 잠깐의 유행일지도 모르지만 공통점은 내가 누구인지, 내가 어떤 취향과 의견을 가진 사람인지 끊임없이 설명하고 증명하는 데 일조하는 것들이다. 우리 브랜드가 개인의 정체성을 드러내는 데 일조한다면 브랜드로서의 역할을 다한 것이다.

반대로 브랜드 역시 브랜드의 정체성을 증명할 수 있는 개인이 필요하다. 개인이 자기만의 세계관을 빌드업하여 경제의 주체이자 기반이 되고자 꿈꾸는 것처럼, 브랜드도 자기만의 공간을 구축하고, 브랜드의 일상을 기록하고, 브랜드의 기호를 확립하여 브랜드 세계관을 만들어야 한다. 그런 다음 세계관 대 세계관으로서 소비자 개인과 수평적으로 만나자.

1. 이 시대의 가치를 기억하자.

효율적으로 성취하기, 간편하게 건강 챙기기, 1인분의 자아로 독립하기.
우리 제품/서비스가 시대 가치를 하나도 주지 못한다면 가치 설정을 재고해보아야
한다.

---

2. 효율적 성취는 인풋 대비 아웃풋이
많은 것만을 뜻하지 않는다.

관계의 피로를 줄여주는 것, 노동의 강도를 낮춰주는 것, 실패 가능성을 제거하는
것, 눈에 보이는 성과를 제시하는 것 모두가 효율적 성취다.

---

3. 건강이라는 대의에 주목하자.
큰 대의일수록 쉽게 접근해야 한다.

편의점에서 만나는 지구건강, 매일 밤 챙기는 정신건강, 식탁 위에 놓인 건강관리
키트처럼 건강이라는 대의는 지나는 길에, 매일, 내 손으로 붙잡을 수 있어야 한다.

---

4. 브랜드의 타깃은 고객 집단이 아니라 독립적 개인이다.

구체적인 욕망과 세계관을 지닌 개인과 수평적으로 만나는 것을 목표로 삼자.
그 한 사람의 선택에 공감한 다른 사람들이 따라서 브랜드를 선택하게 될 것이다.

《2022 트렌드 노트》키워드에 대한 첨언

《2022 트렌드 노트》에 생활변화를 관통하는 7개의 키워드를 제
시했다. 그 키워드들이 어떻게 발현하고 확장되고 진화했는지, 1년
이 지난 시점에서 간략히 돌아보기로 하자.

키워드	현상	함의
1. 시간	#꾸미기 #와인 #향수 #주식	• 개인의 시간이 증가했다는 것이 핵심이다. • 시간을 들여 꾸준히 함으로써 레벨을 높일 수 있는 것들이 뜬다. • 의무가 아닌 자발성에 기반한 취미적 공부가 뜬다.

파고 또 파도 끝이 없는 주제, 시간을 들여 공부하고 뉴비로 입문
하여 고수로 진화해가는 취미 트렌드는 계속된다. 특히 와인과 주
식의 열기가 여전히 뜨겁다. 식품 관련업에서는 와인이 식문화를
어떻게 바꾸는지 주목해야 한다. 와인으로 한층 업그레이드된 주류
문화, 와인과 어울리는 안주, 와인을 곁들인 홈파티, 한강 피크닉,
캠핑 장면을 주목할 필요가 있다. 주식 등 투자에 대한 관심과 소비
도 지속적으로 지켜보자. 비즈니스의 목표가 개인의 시간을 차지하

는 것이라는 메시지는 여전히 기억해야 한다.

키워드	현상	함의
2. 기록	#블로그의 부활 #인스타그램 스토리 #기록성 챌린지	• 정보 전달이 아니라 일상 기록매체로서 '블로그'가 뜬다. • '기록'으로 남은 나의 '일상'이 콘텐츠가 된다. • 연출된 미장센이 아니라 날것 그대로가 주목받는다.

기록은 디지털 문화의 산물이다. 디지털은 기록을 남기고 검색으로 지나간 기록을 다시 찾게 만든다. 어떤 매체에, 무엇을 기록하고, 어떤 과정을 거쳐 기록이 가치를 획득하는지 꾸준히 지켜보아야 한다. 현재는 기록매체로서 블로그가 뜨고, 블로그를 통한 소비 기록, 일상기록, 자기기록이 뜨고, 기록이 콘텐츠가 되고, 콘텐츠가 아카이브가 되고, 아카이브가 돈이 되는 흐름으로 연결된다. (아카이브가 어떻게 돈이 되는지는 5장에서 확인할 수 있다.)

키워드	현상	함의
3. 남자	#무시무시 무신사 #래플과 드로우	• 남자들에게 새로운 롤모델이 필요하다. • 새로운 롤모델의 핵심가치는 '공평함'과 '경쟁'이다. • 권위를 가진 자가 다 가지는 것이 아니라, 규칙에 맞게 경쟁하고 정당하게 얻어가야 한다.

남자만의 롤모델이 아니라 시대의 새로운 롤모델인 '독립적인 자아'가 등장했다. 자기만의 시공간을 구축하고, 자기만의 세계관

을 확립하고, 소비주체이자 수입의 주체인 독립된 개인의 페르소나를 굳이 여성과 남성으로 구분할 필요는 없지만, 남성과 멀지 않은 것도 사실이다.

키워드	현상	함의
4. 현실	#하이퍼리얼리즘 #가상현실, 가상모델 #이 둘의 공존	• 하이퍼리얼리즘과 판타지적 가상을 동시에 수용한다. • 가상현실의 핵심은 참여자가 들러리가 되지 않는 것. 참여하여 커뮤니티성을 획득하는 것이다. • 현실과 가상의 구분이 아니라, 공감할 수 있는 세계관으로 완결되느냐가 중요하다.

《2022 트렌드 노트》에서 밝힌 것처럼 가상은 현실과 연결될 때 의미가 있다. 가상현실만의 서비스보다 버추얼 유튜버처럼 현실과 가상을 콜라보한 형태가 더 각광받았다. 앞으로도 그럴 것이다. 가상이 현실에 유기적으로 연결되어 현실만으로는 불가능했던 세계관을 만들어낼 때 사람들이 열광한다. 핵심은 가상 그 자체가 아니라 가상이 존재함으로써 가능해진 새로운 '세계관'이다.

키워드	현상	함의
5. 연대	#잘 가꾸어진 정원 vs. 자연발생적 이끼군락 #팬덤의 트위터 #Challenge accepted	• 동질감을 느끼는 방식이 소속감에서 연대감으로 변한다. • 테두리와 위계질서가 있는 조직성이 아니라 개인이 서로 팔을 거는 이합집산을 추구한다. • 나의 메시지를 전달하기 위해, 내 메시지를 받아들일 수 있는 사람들과 팔을 걸고 있어야 한다. 이것이 팬덤이다.

팬덤이 있는 셀럽을 활용한 브랜디드 콘텐츠가 일반화되고, 브랜드의 목표가 팬덤 구축이 되었다. 고객 최우선이 아니라 고객과의 관계 설정이 중요해졌다. 팬덤이 있는 셀럽의 활용, 브랜드 팬덤을 만드는 방법, 팬덤과 관계를 유지하는 것이 브랜드 커뮤니케이션의 주요 활동이 될 것이다. 중요한 것은 진정성보다 관련성이다. 사람들을 우리 브랜드 활동에 어떻게 끌어들일지 고민해야 한다.

키워드	현상	함의
6. 열정	#respect #생리얼 #갓생	• Z세대를 보는 이유는 그들의 성향이 우리 사회가 가고 있는 방향이기 때문이다. • 이것만 기억하자. 개성, 생리얼, 열심히 • 반대말은 이러하다. 조직, 미장센, 여유

1장에서 말한 이 시대의 중요한 가치는 Z세대에만 해당하는 것은 아니지만 Z세대에 해당하지 않는 것도 아니다. Z세대가 추구하지 않았던 조직, 미장센, 여유는 돌아오지 않았다. 대신 Z세대가 추구했던 효율, 갓생, 독립은 더 강화되고 더 확산되었다.

키워드	현상	함의

7. 과금	#웹소설
	#편당 100원
	#플랫폼에서 돈을 받아가는 소비자
		• 웹소설 플랫폼의 거래방식을 배우자.
		  # 기다무 : 기다리면 다음화 무료. 돈을 내지 않아도 얻을 것이 있다.
		  # 편당 100원 : 돈을 내는 최소 단위가 매우 작다. 가랑비에 옷 젖는다.
		  # 독자=작가 : 플랫폼을 통해 소비자가 돈을 벌 수 있다.

플랫폼을 통해 소비자가 돈을 벌 수 있는 가능성이 열려 있다는 것은 여전히 중요하다. 과금 체계에서는 '편당 100원'보다 멤버십이라는 구독 서비스에 더 주목해야 한다. 구독 서비스는 돈을 받는 방식이기도 하지만 누군가와 지속적인 관계를 맺는 방식이기도 하다. N개의 구독 서비스에 가입하는 방식에서 N개를 포함하는 한 개의 플랫폼 서비스 구독자가 되는 게이트 통합도 엿보인다. (게이트 통합에 관해서는 6장에서, 구독 서비스에 관해서는 8장에서 자세히 다룬다.)

PART 1

새로운
정체성

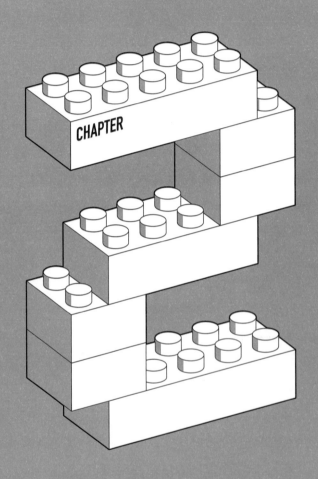
CHAPTER

우리는 모두 금쪽이다

이원희

Z세대, 부정적 감정을 말하다

"취준 때 넘~ 힘들고 정신적으로 힘들어서 (유리멘탈) 자존감이 진짜 바닥쳤어요 취업 후 좀 올라와 있는데… 인스타 보면 또 떨어지네요 ㅋㅋㅋ 세상에 잘사는 사람들은 왜 이렇게 많은 걸까요 나만 아등바등 사는 것 같고 인스타를… 끊어야겠죠ㅜㅜㅜ?"

"공부하는 기간에 엄청나게 안 좋은 일들이 연달아 팡팡 터졌는데 그 상황에서 계속 공부하고 결국엔 원하는 셈 합격한 경우여. 저는 그런 안 좋은 일 생기면 멘탈 바사삭 뿌셔져서 하루종일 고민하거나 집중이 1도 안 되던데"

"멘탈 너무 연약해서 연애도 무서워서 못하겠어요 마음은 엄청 잘 줘서 이별 때 지옥… 그냥 혼자 살아야겠어요 연애도 힘…들… 제 멘탈로는 결혼은 무리…"

당신의 멘탈은 안녕한가? 멘탈을 국어사전에서 찾아보면 '생각

〈'멘탈' 언급 추이〉

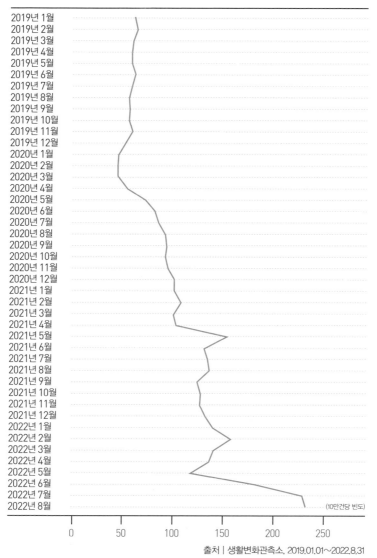

(10만건당 빈도)

출처 | 생활변화관측소, 2019.01.01~2022.8.31

하거나 판단하는 정신 또는 정신세계'라고 나온다. 멘탈이라는 말을 우리는 꽤 자주 사용해왔다. '유리멘탈'은 유리처럼 깨지기 쉬운 멘탈을 가리켜, 어떠한 상황에서 쉽사리 당황하거나 힘들어하는 모습을 나타낸다. '멘붕'은 정신이 붕괴될 만큼 충격적인 상황을 가리키는 말로 많이 쓰인다.

그런 멘탈에 변화가 일고 있다. 일단 멘탈에 대한 관심이 급격하게 증가하고 있다. 발화 상황도 사뭇 달라졌다. 유리멘탈, 멘붕과 같이 부정적인 상황에 주로 호출되던 멘탈이 최근에는 멘탈관리, 멘탈케어 등 돌보고 관리해야 할 대상으로 쓰이고 있다. 멘탈을 관리하려는 의식이 증가한다는 것은 그만큼 정신건강에 대한 관심이 높아지고 있다는 뜻이다.

이러한 흐름은 Z세대가 주도하는 것으로 보인다. 세대별로 많이 언급하는 정신건강 키워드를 비교해보면, 다른 세대에 비해 Z세대가 특히 멘탈을 많이 언급하는 것을 알 수 있다. 실제로 사회초년생들이 소셜미디어에 남기는 이야기의 상당 부분은 '멘탈이 나가고', '멘탈이 털리고', '멘탈이 갈리는' 경험에 관한 것들이다.

"이 회사에서도 이 일을 시작한 지 1년도 채 안 돼 멘탈이 나갔습니다. 제 사수는 제가 세상에서 본 사람들 중에 가장 예민한 사람이었습니다. 일 끝나고 따로 혼나고 인격모독적인 말들도 섞어가면서 하고 울기도 하면서 제 멘탈은 와자작이 되었습니다… 밥은 하나도 소화안 되고 한 주에 1~2kg씩 빠지고 매일매일 설사하고… 사수만 봐도

〈전체 세대 vs Z세대의 '정신건강' 연관어 순위〉

	전체		Z세대
1	마음	1	마음
2	걱정	2	스트레스
3	스트레스	3	걱정
4	기분	4	기분
5	고민	5	고민
6	힘들다	6	힘들다
7	행복	7	행복
8	걱정되다	8	걱정되다
9	정신	9	정신
10	성격	10	성격
11	우울증	11	우울증
12	피로	12	무섭다
13	고통	13	멘탈
14	위로	14	고통
15	무섭다	15	미치다
16	미치다	16	자존감
17	기쁨	17	자신감
18	자신감	18	위로
19	즐거움	19	피로
20	불안	20	정신건강

출처 | 생활변화관측소, 2019.01.01~2022.8.31

몸이 떨렸습니다."

"취준이나 공시 수험기간에 자존감 바닥 찍는 거 정상인가요 열등감
이란 자존감 무너져서 멘탈가루 우수수수수 떨어지고 남들 사는 거
보면 불안해지고 자책감 들고 그런가요?"

이렇게 관계, 특히 취업 후 사회생활이라고 하는 새로운 공적 공
간에서 맺는 관계가 큰 어려움으로 다가온다. 또는 학업이나 업무
능력이 자신의 기대에 미치지 못하는 모습에 열등감을 느끼고 멘
탈이 무너진다고 표현한다.

앞의 예시에서 짐작할 수 있듯이, 정신건강 연관 키워드에 대한
Z세대의 감성은 상당히 부정적이다. 전체 세대에 비해 멘탈과 정신
건강, 스트레스 자체에 대한 언급도 많은 데다 '무섭다', '미치다'
와 같은 부정적 표현어도 훨씬 많이 발현된다. 또한 자존감, 자신감
등 정신건강에 영향을 미치는 감정, 마음 상태에 대한 언급 비중도
훨씬 높다. Z세대의 부모 격인 X세대와 Z세대의 정신건강 키워드
를 비교하면 그 차이가 더 극명하다. X세대의 정신건강 관련 키워
드의 부정률은 37%이고 긍정률은 21%인 반면, Z세대의 부정률은
55%, 긍정률은 7%에 불과하다. Z세대가 훨씬 더 부정적임을 알 수
있다.

여기에는 두 가지 맥락이 있다. 하나는 말 그대로 Z세대가 자신
의 정신건강에 대해 부정적으로 인식한다는 뜻이고, 다른 하나는
부정적 인식이나 감정 표현에 솔직하다는 것이다. X세대가 마음과

감정, 기분을 포장하는 데 익숙하다면 Z세대는 무서우면 무섭다고, 좌절하면 좌절한다고 말한다. Z세대는 어려서부터 감정을 숨기지 않고 말하는 것이 예전보다 훨씬 용인되는 분위기에서 성장했기 때문으로 짐작된다. 같은 맥락에서 다른 세대보다 Z세대가 멘탈을 많이 언급하는 것 또한 자신의 정신건강과 감정 자체에 관심이 많고 솔직하기 때문이다.

이러한 사회적 현상에 큰 역할을 한 것이 오은영 박사다. 오은영 박사의 프로그램 〈금쪽같은 내 새끼〉는 육아를 하는 부모들은 물론이고 육아와 관련 없어 보이는 Z세대 대학생, 사회초년생들에게도 큰 인기다. 육아의 가르침을 넘어 정신적으로 어려움을 겪는 누구라도 자신의 어린 시절을 돌아보고 상처와 불안을 되짚는 기회가 되어주고 있어서다.

"우연찮게 금쪽이를 시청했는데 밥 먹다가 목이 메어서 밥도 안 먹고 펑펑 울었어요. 특히나 큰아이의 짠한 모습에 감정이 주체가 안 되더라구요. 공감도 되고, 이제 보니 내가 왜 그랬나 이해도 되고. 넘 슬펐어요."

아이든 어른이든, 우리는 모두 충족되지 않고 상처받은 마음을 안고 사는 '금쪽이'임을 자각하는 중이다.

"감정에는 옳고 그름이 없다.
감정을 말하는 데에도 연습이 필요하다."

- 오은영 정신의학과 전문의

우울증이면? 정신과에 가야지

누구라도 일상적으로 겪을 수 있는 열등감, 자존감 낮음, 민감함 때문에 멘탈이 부서지는 상황을 너무 자주 경험한다면? 정신건강에 위협이 되는 우울증으로 고통받는다면? 이러한 병리적인 문제들은 자해나 자살과도 밀접하게 연관된다. 통계청의 연도별 우울증 환자 추이를 보면, 2020년 우울증 환자가 2010년보다 60%가량 증가했다. 더 심각한 문제는 20대의 사망원인 중 고의적 자해, 즉 자살의 비율이 2018년 48.2%에서 2020년 54.4%로 증가추세라는 사실이다.

정신건강이 이렇게까지 위협받고 있는 현실에서 그나마 긍정적인 시그널은, 이를 극복하고 개선하려는 여러 가지 노력과 시도가 엿보인다는 점이다. 특히 자신의 멘탈이나 정신적 문제를 객관화하려는 노력에 더해 병리적 문제임을 인지하고 병원을 찾는 사람이 많아졌다. 그에 따라 소셜미디어에서도 정신과에 대한 언급이 가파르게 증가하고 있다. 과거에는 정신과에 간다고 언급하는 것 자체에 어려움이 있었는데, 우리 사회의 오랜 금기가 깨지고 있는 것이다.

변화의 내용을 살펴보자. 우선 정신과의 심상을 비교해보면, 2018년에는 정신과와 연관해 현실에 대한 부정적인 키워드나 환경에 휘둘리는 등의 수동적인 키워드가 언급되었다면, 2022년에는 정신과를 '추천'받거나, 정신과에 갈 '의지'가 있다, '직접' 간다

〈'정신과' 언급 추이〉

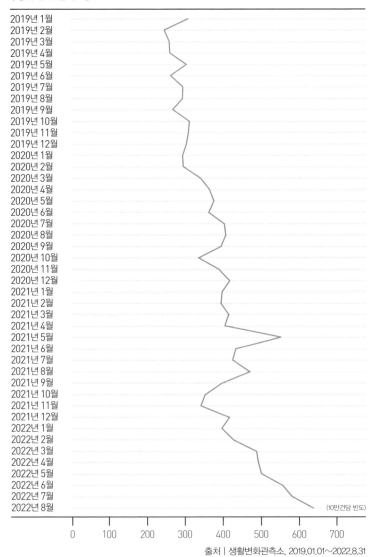

2019년 1월	
2019년 2월	
2019년 3월	
2019년 4월	
2019년 5월	
2019년 6월	
2019년 7월	
2019년 8월	
2019년 9월	
2019년 10월	
2019년 11월	
2019년 12월	
2020년 1월	
2020년 2월	
2020년 3월	
2020년 4월	
2020년 5월	
2020년 6월	
2020년 7월	
2020년 8월	
2020년 9월	
2020년 10월	
2020년 11월	
2020년 12월	
2021년 1월	
2021년 2월	
2021년 3월	
2021년 4월	
2021년 5월	
2021년 6월	
2021년 7월	
2021년 8월	
2021년 9월	
2021년 10월	
2021년 11월	
2021년 12월	
2022년 1월	
2022년 2월	
2022년 3월	
2022년 4월	
2022년 5월	
2022년 6월	
2022년 7월	
2022년 8월	

(10만건당 빈도)

0   100   200   300   400   500   600   700

출처 | 생활변화관측소, 2019.01.01~2022.8.31

와 같이 적극적인 태도로 변화했다.

다음 페이지 도표를 보면 우울증에 대한 세대별 인식과 분위기를 알 수 있다. X세대는 '힘들다', '아프다', '답답하다', '미치다' 등 우울증의 증세를 호소하는 이야기가 많다. 이를 Z세대는 더 극단적으로 표현해 '죽고 싶다'고까지 말한다. 한편 '병원 가다', '약 먹다'와 같이 전문적인 병원 치료를 받는 것에 대해서도 적극적으로 이야기한다. 정신건강에 대해 부정적인 표현을 스스럼없이 하듯이, 자신의 상황에 대해서도 솔직하게 표현하는 것이다.

Z세대를 중심으로 멘탈이 나가는 경험들과 불안, 우울에 대해 솔직하게 말하기 시작한 데다, 사회적으로도 〈금쪽같은 내 새끼〉 같은 프로그램이 등장해 정신건강의 중요성을 강조하고, 문제가 생기면 치료를 받아 개선해야 한다는 메시지가 확산되면서 정신과에 대한 언급이 늘어난 것으로 해석된다.

소셜미디어에서 정신과에 대한 언급은 주로 다음과 같이 분류할 수 있다. 첫 번째는 아직 정신과 방문이 낯설지만, 추천도 받아보고 용기 내어 가본 후 긍정적으로 느끼는 경우다.

"담이 높을 것만 같았고 편견이 가득했던 정신과라는 곳은 생각보다 포근했고 생각보다 무지무지 많은 사람들이 찾고 있었다."

두 번째는 정신과 방문이 익숙해지면서 확장된 경우다. 경험이 많아질수록 나름의 판단기준이 생기고, 선택지도 늘어난다. 더러는

〈X세대 vs. Z세대의 '우울증' 연관 감성 순위〉

	X세대		Z세대
1	힘들다	1	걸리다
2	걸리다	2	힘들다
3	살다	3	살다
4	먹다	4	먹다
5	울다	5	심하다
6	모르다	6	모르다
7	심하다	7	생각하다
8	생각하다	8	심해지다
9	심해지다	9	울다
10	싫다	10	**죽다**
11	**아프다**	11	**죽고 싶다**
12	**미치다**	12	앓다
13	**답답하다**	13	느끼다
14	죽다	14	싫다
15	**지치다**	15	무섭다
16	좋지않다	16	괜찮다
17	앓다	17	좋지않다
18	느끼다	18	**약 먹다**
19	무섭다	19	미치다
20	약 먹다	20	**병원 가다**

출처 | 생활변화관측소, 2019.01.01~2022.8.31

약만 받으러 집 가까운 곳에 방문한다는 글도 올라온다. 마치 감기나 알러지 같은 반복적인 질환에 겁을 내지 않듯이 대수롭지 않게 대하는 인상을 받는다. 또는 남 이야기하듯 무심하게 타자화하기도 한다.

"정신과 검사를 받으러 왔다. 너무 배가 고파서 장을 보러 나갔다가 우회해서 집에서 가장 가까운 정신과로 고고!"
"병원 분위기가 우중충하다. 근데, 우리 같은 만사귀차니즘에 걸린 우울증 환자들이 조금이라도 나은 병원을 찾아 헤매고 골라가며 올 거라고 생각하진 않겠지. 그냥 집 가까운 데서 약이나 타가자는 생각임…"

반대로, 정신과 선택기준에서도 가장 중요한 선생님에 대해 신중에 신중을 거듭하는 경우도 있다. 정신과 경험이 풍부할수록 자신에게 잘 맞는 선생님을 찾기 위해 노력한다는 것을 알 수 있다.

"정신과 가본 게 이번에 세 번째인데, 첫 번째 의사는 딱 얘기 들어보더니 공황이네 그거, 그거야 그거, 다음 환자, 이런 식이었고, 두 번째 선생님은 너무나 사무적인 말투로 얘기하셔서 ㅜㅜㅜㅜ 마음의 상처만 더 안고 왔었어요.
세 번째인 오늘 회사 근처로 갔는데 여자선생님이었는데. 차근차근 보시고 따뜻하게 말씀해주셔서 정말 눈물이 많이 났어요 ㅜㅜㅜ 뭔가 상담만으로도 치유되는 시간이었어요."

따라서 의사 선생님의 공감 능력은 매우 중요해졌다. 잠깐 샛길로 새자면, 피부과에서 받는 에스테틱 시술(레이저, 리프팅 등) 트렌드 프로젝트를 통해, Z세대는 자신과 직접 마주하는 '선생님'과의 감정적 교류 또는 케어를 원한다는 사실을 알 수 있었다. 에스테틱 시술을 위해 피부과를 찾는 이들은 시술의 결과도 중요하지만, 의사들이 자신의 어려움을 이해하고 감정적으로 헤아려주길 바란다. 이 욕망은 '친절한 의사'라는 표현으로 대변되는데, 친절한 의사란 나의 어려움을 알고 언어로 표현해주며, 나의 결핍에 대해 민망하지 않게 배려하고 도우려는 의지를 적극적으로 내보이는 의사를 말한다. 즉 존중감을 느끼고 싶고, 정서적인 소통을 원하는 것이다. 그래야만 의사를 믿고 다시 만날 날(다음 진료)을 기약한다. (여기서 통과하지 못하면 다시 다른 병원을 찾는다.)

그렇다고 모든 피부과 의사에게 이러한 정서적 교류를 요구하느냐면 그렇지는 않다. 의사와의 교감이 중요하다고 판단되는 시술에 대해서는 그러한 의사를 찾아다니지만, 이미 정형화된 방법이 전국 공통으로 정해져 있는 시술은 감정적으로 교류할 필요 없이 '공장형' 피부과에 가서 싸게 해결한다. 앞의 예문에서 '난 내 병에 대해 잘 알고 있으니 가까운 정신과에 약 받으러 간다'는 문장이 공장형 피부과와 같은 경우다. 에스테틱 시술 시장이 어마어마하게 커지면서 시술 종류에 따라 병원을 선택하는 기준도 세분화되는 것처럼, 정신과에 대한 니즈가 증가하면서 질환이나 상태의 심각성, 상황에 따라 정신과의 선택기준이 다양해지고 있는 것이다.

세 번째는, 그럼에도 정신과에 관한 정보가 여전히 부족하다는 점에 주목해 정보전달과 기록에 충실한 경우다.

"[우울증 일기] 처음으로 정신과에 가다. (우울증 증상, 진료비, 약값) 진료가 끝난 뒤 처방전을 받고 계산을 했다. 처음에는 이것저것 검사를 하기 때문에 진료비가 꽤 나올 수 있다. 나는 35000원 정도가 나왔다. (나중에 알고 보니 이 병원은 기본 진료비가 조금 비쌌다. 12000원 정도) 일주일 치 약값은 3400원이었다."
"비용은 테스트 비용 53300, 약 일주일 치 3300원 들었다. 생각보다 부담은 없는 금액이었다."
"[열번째] 나의 원인 모를 우울증 (콘서타 36mg 유지 + 브린텔릭스 5mg 유지 + 아빌리파이정 2mg 증량)"

자신이 먹는 약의 종류와 용량까지 자세히 기술해서 다른 사람도 찾아볼 수 있게 하는 점도 인상적이고, 검사비, 진료비, 약값 등 비용 정보를 꼭 언급한다는 점도 독특하다. 그만큼 정신과에 대한 정보를 순수하게 궁금해하는 사람이 많아지고 있다는 방증 아닐까? 정신과에 대한 이야기를 가능한 숨기고 드러내지 않던 몇 년 전에 비하면, 2022년의 정신과는 '다리 부러지면 외과에 가듯이, 마음이 아프면 정신과에 가야 한다'는 일반적인 통념이 생겼다고 해도 과언이 아니다.

멘탈케어를 위한 위안과 몰입의 시간

정신과 말고 우리는 자신의 정신건강을 지키기 위해 또 어떤 노력을 하고 있을까? 이러한 방안들이 산업과는 어떻게 연관되고 있을까?

다음의 도표는 소셜미디어상에서 정신건강과 연관되는 관심사 키워드를 분류한 것이다. 정신건강을 위해 우리가 어떻게 애쓰고 있는지, 방법들을 하나씩 살펴보자.

〈정신건강 연관 라이프스타일과 가치〉

라이프스타일 키워드	트렌드 키워드	메시지	전달해야 할 가치	연관 비즈니스
대화	소통	언제 어디서나 접속 가능한 위안	편의성, 위안	심리상담 앱
캠핑, 등산, 산책	자연	자연에서 오는 휴식	여유, 위안	피크닉
가드닝	반려	케어한다는 기쁨	몰입의 시간, 위안 (정서적 교류)	식물재배기, 플랜테리어
고양이	반려	함께한다는 기쁨	위안 (정서적 교류)	반려기기, 반려동물동반 카페 & 숙박업소
게임, 영상, 영화, 음악(콘텐츠)	몰입	극강의 시간을 위한 투자	몰입의 시간	돌비시네마, 프리미엄 사운드 전용 공간
명상	사색	나를 만나는 시간	몰입의 시간, 정성	티 오마카세, 멍 때리기
그림, 만들기, 작품	창작	내 손으로 만든다는 만족감	몰입의 시간	온라인 클래스

언제 어디서나 접속 가능한 위안

첫째는 대화다. 너무나 고전적이고 뻔한 방법이라고? 하지만 그만큼 사람들이 소통을 절실히 원하고 있다는 뜻이기도 하다. 이는 정신과 상담뿐 아니라 심리상담이 증가한 것에서도 알 수 있다. 상담사에게 나의 이야기를 털어놓음으로써 위안받고, 정신건강이 나아지는 경험을 한다. 상담 니즈가 증가함에 따라 유아 상담과 놀이치료, 부부 상담, 청소년 상담 등 상담의 영역도 전문화되고 세분화되고 있다.

멘탈케어를 위한 상담 어플도 많아졌다. 심리검사로 시작하여 상담사와의 만남과 코칭, 그룹 테라피나 오프라인 만남까지 다면화된 상담이 가능한 구조다. 이용자는 멘탈케어 앱에 자신의 감정을 기록해 자가진단하고, 상담을 통해 생활 패턴이나 감정 상태를 점검받고, 워크숍이나 테라피를 통해 나에 대해 이해하는 시간을 갖는다. 이러한 플랫폼들은 언제 어디서나 원하는 시간에 상담할 수 있다는 점에서 시간 내기 어려운 직장인이나 육아맘들에게 특히 유용하다는 평이다.

자연에서 오는 휴식

여가 활동 가운데 최근 관심이 커지는 활동은 단연 캠핑이다. 캠핑은 이미 소수만의 취미를 넘어 캠핑을 좋아하는 사람들의 라이프스타일을 보여주는 하나의 문화가 되었다.

캠핑을 좋아하는 이유는 저마다 다르겠지만, 가장 큰 이유는 자연이다. 자연에 가면 누구나 마음이 편안해지지 않는가? 그런 자연, 즉 인위적으로 잘 가꿔진 자연이 아니라 '진짜 자연'에서 주중 업무나 도시의 번뇌를 잊고자 하는 것이다. 캠핑에서 모닥불을 피워놓은 데에서 한국의 '멍 문화'가 시작되었다고 해도 과언이 아니다. 쉴 줄 모른 채 달려가는 한국사람들에게 캠핑이 쉴 공간과 여유의 기회를 마련해준 셈이다.

캠핑처럼 자연과 가까이하는 활동으로 등산과 산책이 있다. 등산하는 사람은 중년 남성일 거라는 편견을 확실하게 깨주는 것이 '#등산하는여자' 해시태그다. 많은 젊은 여성이 험한 자연을 마주하며 신체를 단련하고, 생각을 정리하곤 한다.

등산이나 캠핑보다 훨씬 일상성이 강한 '산책'의 언급도 가파르게 상승하고 있다. 이 말을 거꾸로 생각해보면, 지금까지 우리는 산책이라는 말도 일상적으로 쓰지 않을 정도로 여유가 없었던 게 아닐까? 코로나 위기를 맞아 집 주변을 산책하는 소중함에 눈 뜨게 되었다. 그제야 자연을 가까이 할 기회가 생긴 것이다. 실제로 우울함이나 정신건강에 위협이 되는 질환을 겪는 사람들에게는 등산과 산책이 추천되곤 한다.

> "공황장애 극복일지 281일차. 아주 낮은 산이었지만 많은 용기가 필요했다. 만약 여기서 공황장애가 오면 누가 날 살려주지? …그래도 여름 등산이라는 게 정말 땀을 삐뻘 흘리며 온몸을 적시는 움직임은 정말 개운하고 좋다."

"계속 우울한데 뭘 하면 좋을까요? 남편과 애기 땜에 계속 우울해
요…

Re ; 아무 생각 없이 주변에 꽃나무 보면서 하염없이 걷다 보면 좀 누
그러지더라구요. 그냥 나가서 걸어보세요"

집 앞이나 동네 주변을 산책하기도 하지만, 일부러 공원을 찾기
도 한다. 한국의 공원 문화를 서울숲이 한 단계 업그레이드했다 해
도 과언이 아닐 정도로, 서울숲은 서울 시민들의 피크닉과 산책의
장소로 첫손에 꼽히고 있다. 심지어 뉴욕의 센트럴파크나 영국의
하이드파크와도 비교하며 칭송한다. 그동안 우리에게는 대표할 만
한 공원도, 공원에서 여유를 부리는 문화도 없었던 터라 도심에서
느끼는 자연의 여유와 쉼이 더욱 가치 있다.

케어한다는 기쁨

이렇게 자연을 접하는 활동이 많아지면서 일상에서도 자연과 함
께하고자 하는 니즈가 커지고 있다. 정신건강에 심각한 어려움을
겪는 사람이 아니라도 누구나 때때로 가벼운 우울감을 느끼고 마
음에 상처 입어 힘들어하곤 하기에, 마음을 편안하게 해주는 자연
과 함께하는 공간을 만들고 싶은 욕구는 당연한지도 모른다. 이런
니즈를 반영해 플랜테리어가 주목받고, 카페나 백화점과 같은 상업
공간도 자연을 모티프로 꾸며지곤 한다.
이런 흐름은 이제 플랜테리어를 넘어 가드닝, 식물재배, 반려식

물과 같은 키워드로 확장되는 중이다. '반려식물'이란 단어의 언급 량은 2019년 이후 2022년까지 3년 동안 2.6배 상승했다. 홈가드닝 수업도 생겨나고, 집에서 사용하는 식물재배기도 출시되어 인기다. 자연을 더 가까이 두고 싶은데 실현할 방법이 없던 사람들이 식물 재배기를 들여 식물을 키우며 위안을 얻는다. 상추씨를 뿌려서 키 운 다음 뜯어먹는 것보다, 마트에서 사 먹는 것이 노동이나 비용 면 에서는 훨씬 저렴하다. 하지만 사람들은 이러한 행위를 통해 감정 을 정화하고, 무언가를 가꾸는 데 애정과 사랑을 쏟는 귀한 마음을 얻는다. 결과보다 키우고 공들이는 과정이 훨씬 값진 것이다. 실제 로 코로나 상황에서 우울한 마음을 가드닝, 식물재배를 통해 치유 했다는 사람들이 많다.

"팬데믹 때문에 우울증에 빠져서 힘들었는데, 식물을 기르면서 안정 을 찾았어. 1년 동안 기른 식물들이 자랑스러워."
"이제 슬슬 베란다정원 제라늄들이 꽃을 보여주려나 보네요~ 오랜만 에 다시 꽃피는 제라늄! 그리고 옆에서 다른 꽃대도 올라와서 꽃이 피 고 있어요. 소소한 행복을 주는 작은 베란다정원에서 흙놀이로 지친 몸과 마음을 위로받기도 하고, 비록 물시중으로 귀찮을 때도 많지만 이런 즐거움이 반려식물과 가드닝에 빠져드는 건가봐요."

지금까지 식물 키우는 사람들이 없었던 것은 아니다. 대부분의 집에 화분 한두 개쯤은 있고, 또 취미로 식물을 기르는 사람도 많았다. 다만 이제는 그런 식물을 '반려식물'이라 부르고, 보살피는 자신을 '식집사'라 칭한다는 점이 다르다. 식물을 키우는 행위에 자신의 감정을 이입하고 의미를 부여하기 시작한 것이다.

"전 하나에 와라락 꽂혔다가 쉽게 싫증 내는 냄비 같은 사람인데요. 식물은 저 없으면 안 되니까. 어느 날은 넘넘 귀찮고 슬프고 우울해도 물을 챙겨주고 있는 제 모습이 나쁘지 않더라구요. 히히"
"맞아요. 결론은 식집사 하길 잘했다~~ 저도 식물은 나 없음 안 되니까 ㅎㅎ 앞으로 더 멋진 가드너가 됩시다!"

고양이 키우는 사람을 집사라 하듯이, 식물을 사랑하고 열심히 기르는 자신을 식집사라고 하고, 가드너라 칭한다. 표현에서 사랑이 묻어난다. 사람은 누구나 돌보고 마음을 쓸 대상이 필요한 것이 아닐까?

함께한다는 기쁨

반려식물 이야기가 나온 김에 '반려'에 대해 잠깐 보고 가자. 앞의 도표를 보면 정신건강을 위한 라이프스타일 키워드에 '고양이'가 있다. 반려동식물이 우리에게 주는 의미가 이만큼이나 커졌다는 것을 단적으로 보여준다.

먼저 반려에 대한 연관어를 살펴보자. '반려' 하면 가장 먼저 떠오르는 강아지나 고양이 외에 거북이, 고슴도치, 파충류 등 이색 반려존재, 그리고 앞서 언급한 반려식물이 있다. 더욱 놀라운 점은 최근 '반려'의 영역에 가전과 디지털 디바이스가 입성했다는 사실이다. 반려가전, 반려기기, 반려기계라는 표현이 어느덧 흔해졌다.

"요즘 집순이 생활을 하고 있는데요. 아이패드를 저의 반려기계로 들인 후 요즘 자주 함께하고 있어요."
"힘들어서 지쳐 쉬는데 말없이 묵묵히 일하는 그가 제 인생반려가전이라는 생각이 들어 사진 한 장 찍었네요. 스스로 충전도 하는 똑띠 반려로봇청소기"

늘 들고 다니는 아이패드에도, 집에서 묵묵히 나를 위해 열심히 일하는 로봇청소기에도 애정을 준다. 그냥 반려가전도 아니고 인생반려가전이다. (인생템이나 인생사진과 같은 표현법에 견주어보면, 인생에 한 번 만날까 말까 한 소중한 반려가전이라는 뜻이다.)

반려 시장은 점점 커질 것으로 예상된다. 사람은 애정을 쏟는 대상에 돈을 쓰기 마련이다. 지금 이 글을 쓰고 있는 곳은 양재천에 있는 반려동물 동반카페다. 필자 옆에 있는 강아지는 전용 소파방석을 갖고 다니는 주인 덕분에 편안하게 앉아서 강아지 전용 간식을 먹고 있다. 실제로 소셜미디어 데이터상에 'ㅇㅇ카페' 언급 순위 중 2022년 새롭게 등장한 카테고리가 '애견동반카페'다. 우리는 이미 느끼고 있다. 강아지와 함께 가도 눈치 주지 않고 오히려 환대하는, 개푸치노를 만들어주는 카페들이 늘고 있다는 것을 말이다.

카페 소개글을 보면 키즈존/노키즈존 여부뿐 아니라 반려동물 동반이 가능한지를 기재해둔 곳도 많다. 반려동물을 데려갈 수 있는지가 카페의 주요 선택기준이 되는 시대다.

최근 문화센터나 원데이클래스 베이킹 수업에 강아지 수제간식 베이킹 수업이 생겨나고 있다는 점도 주목해볼 만하다. 내가 사랑하는 반려동물에게 좋은 음식과 즐거운 시간을 제공하고자 하는 니즈는 점점 더 커지지 않을까? 니즈가 있는 곳에 산업이 꽃핀다. 반려동물 동반 여행 플랫폼이 생겨나면서 반려동물을 데려갈 수 있는 전국 숙박업소, 카페, 음식점에 대한 정보를 공유한다. 펫캉스가 가능하다는 어떤 호텔에서는 펫 웰컴키트를 제공하고, 키즈 메뉴판이 있듯이 펫 메뉴판도 있다. 불과 10년 전만 해도 애견이 받을 수 있는 서비스라고는 미용과 의료 영역이 전부였던 것을 떠올려보면, 애견동반카페라는 키워드의 등장은 반려 시장의 성장 그 자체를 상징한다고 할 수 있다.

우리가 쓰는 말 속에 트렌드가 담겨 있다. '반려(伴侶)'는 '짝이 되는 동무'라는 뜻이다. 인간은 누군가를 필요로 하고, 누군가에게 위안받고 싶어 하는 존재다. 그 누군가가 꼭 인간일 필요는 없다. 동물이든 식물이든 기기든, 나와 함께한다는 것에 의미가 있다.

극강의 시간을 위한 투자

정신건강을 위한 몰입의 시간이 뜨고 있다. 자신의 시간을 풍요롭게 채우기 위한 장비들은 점점 더 주목받고 있다. 코로나 이후 콘텐츠 소비가 증가하면서 이왕 콘텐츠를 볼 거면 더 좋은 환경에서 시청하고, 이왕 할 게임이면 더 제대로 즐기고 싶어 한다. 빔프로젝터는 캠핑의 특별한 시간을 만들기 위해 구매하는 기기에서 이제는 신혼부부나 1인가구도 반드시 장만하는 필수품이 되었다. 침실이나 거실을 영화를 감상하는 오붓한 공간으로 만들고, 그에 맞는 무드등도 구비한다. 빔프로젝터는 가전이라기보다는 나의 콘텐츠 라이프스타일과 인테리어 실력을 증명하는 도구가 된다.

"우선 가장 사랑하는 공간인 거실이에요. 이 구조는 아주 잠깐 잠시 했었는데, 벽에 빔프로젝터를 쏘고 영화나 드라마 보기에 아주 좋았어요 ㅎㅎ빔프로젝터를 이용해서 지루하지 않게 인테리어를 변화시킬 수 있어서 좋아요."

아울러 최상의 콘텐츠 환경을 위한 음향장비가 중요해졌다. 해외에서는 다락방을 시어터룸(theater room)으로 꾸미고 사운드바에 서브우퍼까지 설치하는 집이 많지만, 아파트가 많은 한국은 공간의 제약이나 층간소음 때문에 쉽지 않다. 그래도 포기하기 아쉬운 사람들의 니즈를 예측한 듯이, 전문적인 사운드 경험을 제공하는 공간이 생겨난다.

돌비 에트모스 시스템을 갖춘 돌비 시네마와 프리미엄 사운드 라운지 등이 그러한 예다. 사운즈 한남에는 프리미엄 사운드를 내세운 오르페오 영화관이 생겼는데, 사운드가 차별화 포인트인 만큼 음악 영화나 클래식 공연, 오페라 영상을 주로 상영한다. 오르페오에서 영화를 보는 비용은 일반 영화관 평일 낮 요금보다 70% 가까이 비싸지만, 사람들은 기꺼이 비용을 지불한다.

비슷한 예로 파주 콩치노콩크리트는 빈티지 오디오 청음 경험을 위한 '음악 감상실'이라는 컨셉으로 오직 음악만 들을 수 있는 공간이다. 그래서 커피도 팔지 않고 음악감상을 위한 입장료를 받는다. 파주 임진강 뷰를 바라보며 먹지도 마시지도 않고 오로지 음악에만 집중하는 시간을 구매하는 것이다. 이렇게 초집중하는 몰입의 시간을 구매한 사람들은 풍요로운 콘텐츠를 누리는 그 시간이 선사한 행복을 이야기한다.

"오글거리지만 한 10여 분을 눈 감고 음악에 초집중했는데 갑자기 내가 여기서 이러고 있는 게 너무 행복했다. 우울하다고 난리칠 땐 언제고, 참 나도 나다. 가지가지. 2시에 입장해서 5시반에 나왔다. 3시간 반을 음명. 정말 행복한 시간이었다."

게임 콘텐츠의 몰입 씬은 어떨까? 미국의 시어터룸이 진짜 영화관처럼 만드는 것이 목표라면, 우리나라의 게임룸은 PC방처럼 만드는 것이 목표다. 진짜 PC방처럼 컵라면, 과자 등을 쟁여놓은 랙에 미니냉장고까지 갖춘다. 게임덕후인 1인가구의 풍경이 아니라 신혼집 풍경이다. 사회의 고정관념 속 신혼집과는 거리가 멀다. 지금 2030세대는 결혼하더라도 개인의 삶과 취미활동을 포기하지 않고

사람들은 내가 애정하는 대상과
의미 있는 시간에는
기꺼이 엑스트라 비용을 지불한다.

더 잘 즐기기 위해 지출한다는 것을 엿볼 수 있다.

"게임 좋아하시는 예비 부부님들 계세요~~? :-) 저랑 예랑이는 무려
~! 리그오브레전드를 통해 엄청나게 더 가까워지고! 화룡점정으로
월드오브워크래프트…로 새벽 4시까지 데이트하던 커플이라 신혼집
에도 야무지게 pc방을 만들었어요 :-) 침대 바로 옆의 저희만의 작은
PC방 ㅋㅋㅋㅋ 방 하나를 할애해서 만들까 하다가 거기까지 가고 침
대 오는 게 귀찮아서 동선을 정말 침대 바로 옆 효율적으로 짰어요 ㅋ
ㅋㅋㅋㅋㅋㅋ부모님은 기절 직전이시지만…
라이언 제닉스 게이밍 체어 + 32인치 모니터 + 조립 PC + 게이밍데스
크 해서 약 저기에만 700만원 들었네요.. '-'… 회사 갔다 와서 이 방으
로 쪼르르 옵니다 ㅋㅋㅋ 스트레스 해소 직방"

나를 만나는 시간

여섯째 키워드는 나 자신과 만나는 시간인 '명상'이다. 명상은 전
세계적으로 주목받고, 점점 더 확산되는 트렌드임에 분명하다. 명
상에 관한 책이나 유튜브 영상을 통해서도 쉽게 접할 수 있고, 명상
을 가르치는 명상원이나 요가 클래스도 많이 생겨나고 있다.

명상은 온전히 나에게 집중하고, 현실의 집착과 번뇌로부터 자유
로워진다는 점에서 수행 또는 수련으로 인식된다. 그뿐 아니라 정
신건강을 지키는 데 반드시 필요한, 나에게 집중하는 '시간'을 갖게
한다는 점에서 전시나 호텔 비즈니스에서도 두루 활용되고 있다.

남산에 있는 복합문화공간 피크닉에서 '명상(Mindfulness)' 전시를 선보인 이래 명상을 주제로 하는 체험형 전시가 속속 기획되고 있다. 이들 전시의 공통점은 공간과 시간을 제안한다는 것이다. 음악으로 채워진 공간에서 명상을 체험하게 하고, 명상이 끝난 후에는 온전히 자신에게 집중하는 몰입의 클라이맥스로서 차를 마시는 시간을 제공한다.

"전시를 모두 보고 4층 옥상으로 나오면 현대인들이 겪는 어려움 스트레스, 화 등 키워드를 고르게 하고 그에 맞는 차를 제공한다. 나는 무기력? 인가를 골랐고 친구는 스트레스를 골랐다. 넓은 대청마루에 앉아 나는 솔잎차, 친구는 박하차를 마시는데 은은하게 부는 바람을 느끼며 도란도란 이야기 나누는 것, 이게 바로 완전한 쉼이 아닐까 생각했다"

사람들은 명상의 여운을 느끼며 차를 마시는 시간을 '완전한 쉼'이라 말한다. 티타임은 이렇게 휴식으로 인식된다.

이제는 그냥 티 한잔 마시는 것을 넘어 티 오마카세가 뜨고 있다. 일식에서 쓰이는 오마카세는 음식 선택을 셰프에게 맡긴다는 뜻으로, 그만큼 정성 들인 상차림을 대접받는다는 뜻이다. 우리나라에서는 한우 오마카세, 디저트 오마카세에 이어 이제 티 오마카세까지 생겨났다. 성수동의 오므오트, 북촌과 해방촌의 갤러리더스퀘어, 연남동의 코코시에나 등 주로 핫플레이스라 불리는 지역을 중심으로 티 오마카세가 생겨나고 있다.

티 오마카세를 이야기할 때는 음식과의 페어링, 멋진 뷰, 쾌적한 공간과 여유로운 시간에 대한 언급이 두드러진다.

"너무나도 건강한 느낌을 뿜어내는 음식들이 다양하게 나오더라고요. 플레이팅이 너무나도 가지가지 아름다워서 정말 놀랐습니다. 재료의 색감과 상태가 좋아서 정말 남김없이 다 먹었네요. 페어링의 퀄리티가 높아서 정말 오감만족 했습니다. 너무나도 마음이 풍성해지는 시간이었네요. 만족스러웠던 티코스였습니다"

"한국에서 나오는 한국적인 차를 소개하는 티 세레모니로 우리나라의 24절기에 맞춰 진행되고, 시즌별로 각각의 테마를 선보인다. 게다가 음악은 오므오트에서 직접 제작한 음악으로 전통악기들을 사용하여 90분간 진행된다. 오마카세의 진행 순서에 따라 음악이 바뀌는데, 이 티 세레모니라는 것이 얼마나 진심인지 느껴졌어요."

"해외뿐 아니라 국내의 맛있는 차를 맛봐서 좋았고, 그에 대한 자세한 설명을 곁들여서 더 재밌게 즐겼어요. 아늑한 공간과 따뜻한 차, 선생님께서 들려주시는 차에 대한 이야기가 그 시간을 너무 편안하게 만들어줬어요"

퀄리티, 진심 그리고 편안함이 중요한 키워드다. 오롯이 나를 위해 대접하는 정성 어린 마음을 느끼고, 그 안에서 편안한 시간을 보낸다. 앞서 최상의 퀄리티에서 콘텐츠를 시청하려는 것이 양질의 시간을 보내고자 하는 욕구인 것처럼, 티 오마카세에 대한 니즈도 나에게 정성과 진심을 다하는 시간에 대한 니즈에 다름 아니다.

그리고 여기 한국형 명상인 '멍 때리기'가 있다. 멍 때리기는 아무것도 하지 않는 적극적인 휴식의 방법이자 이제는 중요한 멘탈 치유 방법이 되었다. 캠핑을 가서 불멍을 하는 것도, 집에서 어항멍, 물고기멍을 하는 것도 같은 맥락이다.

멍 때린다는 주제를 놓고도 다양한 마케팅 활동이 가능하다. 브랜드가 추구하는 가치와 연관시켜 적극적으로 콘텐츠화할 수도 있고, 직접적인 이벤트도 가능하다. 시몬스는 이천의 시몬스 테라스와 청담동의 시몬스 그로서리에서 멍 때리기 디지털 전시를 열었다. 전시 제목은 'Oddly Satisfying Video'이고 부제가 'Hitting Mung', 한국말 멍 때리기를 그대로 영어 제목으로 만들어 누구라도 피식 웃게 한다. 영상은 사이니지를 이용하여 무한 반복되는데, 이 이상한 동영상에 마음이 끌린다. 정말 멍 때리고 볼 수 있다.

처음에는 다들 의아했을 것이다. 왜 침대 브랜드가 이런 전시를 할까? 어떤 상관관계가 있을까? 전시 서문에 '볼수록 빠져들고 무의식적인 편안함을 느낄 수 있는 영상의 디지털 아트로 멘탈 헬스가 점점 중요해지는 포스트 코로나 시대에 힐링과 치유의 메시지를 전한다'는 의도를 읽고 고개가 끄덕여진다. 이 브랜드가 얼마나 멘탈 건강에 진심인지 알 수 있다. 휴식이라는 큰 라이프스타일 테마를 자신의 브랜드 철학인 수면의 질과 연결해 제안한다는 점에서도 박수를 보낸다.

브랜드는 삶을 제안해야 한다.

2022 한강 멍 때리기 대회는 푸른 잔디 위에서 강물을 바라보며 아무것도 하지 않는 행사로, 코로나19로 중단됐다가 다시 열리게 됐다. 모집 공고가 나고 이틀 만에 3800명이 신청하여 조기 마감했다고 하니, 멍 때리기에 얼마나 관심이 큰지 알 수 있다. 이런 대회가 생겨난다는 것 자체가 우리 스스로 아무것도 하지 않고, 가만히 생각에 잠길 기회를 적극적으로 원한다는 방증 아닐까.

내 손으로 만든다는 만족감

마지막으로, 정신건강을 위해 손을 움직이는 창작활동이 있다. 무언가를 만들고 꾸미고 제작한다. 자신의 공간과 집을 꾸미고 음식을 만드는 것에서 한발 나아가 그림을 그리거나 그릇, 가방, 소품을 만든다. 초심자를 위한 온라인 클래스에서도 가방 제작, 소품 만들기나 그리기 수업이 인기다. 예를 들어 유화수업 클래스를 신청하면, 유화 재료는 집으로 배송받고 현직 화가 선생님의 노하우를 전수받아 그림을 완성하게 된다. 처음에는 오랜만에 잡는 미술도구가 낯설고 어설프지만, 내 안에 잠재된 예술혼은 금방 깨어나기 마련이다.

이렇듯 창작활동은 그 자체로 시간을 보내는 좋은 방법이자, 나를 만나는 또 다른 방법이 된다. 무언가를 만드는 과정과 완성해가는 변화의 과정을 눈으로 확인할 수 있고, 그것을 찍어 공유할 수 있다는 점도 매력적이다.

"최근에 새로운 취미생활을 시작했어여~~ coloring book~~ㅋㅋ 예전에는 '저런 걸 하면서 시간을 보내다니…' 했는데… 커피 마시면서 음악 틀어놓구 탭으로 색칠하구 있으면 시간도 잘 가구 마음정리도 되구~~"

"밤에 잠도 안 오고. 이럴 땐 뜨개질을 하자. 가만히 있으니 이게 정신건강에 좋겠다 싶어 그냥 일어나 앉는다. 못난이 탄생. 못난이들을 줄줄이 생산해내고 있다. 뭐든 완성하기가 목표!"

앞서 멍 때리기가 아무것도 하지 않으려는 욕구라면, 무엇인가 생산활동을 통해 나의 삶을 풍요롭게 하고 싶은 욕구가 있다. 자신의 주변을 가꾸고, 나 자신을 위해 무언가 만들어내면서 내면의 만족감을 얻는다. 창작의 시간은 자아를 성찰하는 시간을 통한 마음 정화와 성취감이라는 측면에서 정신건강에 긍정적이다.

이 책을 읽고 있는 누구라도 지금까지 소개한 7가지 활동 중 적어도 한두 가지는 해보았거나, 계획하고 있을 것이다. 나의 정신건강을 케어하는 노력은 이미 상당 부분 비즈니스화되고 있으며, 앞으로 더욱 그러할 것이다. 내게 위안을 주는, 마음의 행복감을 얻기 위한 몰입의 시간을 선사하는 라이프스타일을 구현하는 데 브랜드가 앞으로 더 큰 노력을 기울일 것으로 보인다.

트렌드를 읽고 내 일에 반영하고 싶은가? 그렇다면 나의 삶에서 힌트를 찾아보고, 무엇이든 마음과 연관시켜 생각해보자. 이것이 내 고객에게 위안을 주는가? 아니면 몰입감을 주는가? 그리하여 마음의 안정과 행복감을 주는가? 누군가와 함께한다는 만족감을 주는가? 아니면 내 고객의 반려 대상에게 즐거움을 주는가? 그럼 나의 고객도 즐거움을 얻을 것이다. 우리 모두 금쪽이가 된 지금, 몰입하고, 대상에게 의지하고, 위안을 찾고, 소통하고자 하는 욕구는 지속될 것이다.

1. 우리 브랜드는 솔직함과
정서적 교감 능력을 갖추었는가?

Z세대는 부정적인 감정조차 솔직하게 표현할 수 있기를 기대한다. 정서적인 교류가 선제 조건인 만큼, 마음을 이해받고 존중받는 커뮤니케이션이 가능해야 관계가 지속된다.

2. 우리 브랜드는 위안을 주는 삶,
몰입하는 삶을 제안하는가?

정신건강을 챙기는 라이프스타일 트렌드를 바탕으로, 그들이 원하는 삶을 제안하자. 점점 많은 이들이 나에게 위안을 주는 자연과 반려 대상, 나를 케어해주는 정성이 느껴지는 브랜드, 몰입할 수 있는 극강의 시간과 공간에 지속적으로, 점점 더 많은 비용을 지불할 것이다.

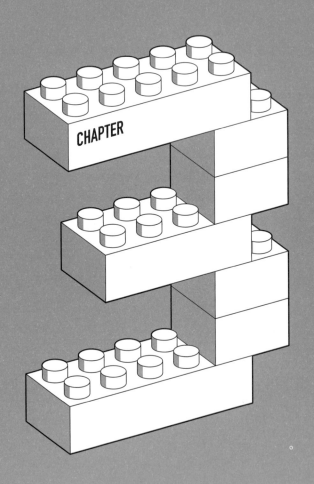

CHAPTER

MZ, 이제 그만

최재연·정석환

'세대'의 세대 변화

역시 '세대' 이야기를 하지 않을 수 없다. 지난 몇 년간 꾸준히 세대에 관한 분석을 요청받아 분석해왔다. 음료 시장도, 자동차 시장도, 가전 시장도 세대별로 분석해달라는 요청을 해와, 덕분에 다양한 영역에서 분석 작업을 수행했다.

당연한 말이지만, 사람들은 세대별 소셜데이터 분석에 용이하도록 "내가 자취하는 92년생 싱글 남자인데, 우리 동년배들은 통상적으로…"라며 텍스트 데이터를 남겨주지 않는다. 익명으로 구성된 특정 온라인 공간의 사람들을 어떻게 특정 세대로 태깅하고 분석 프레임을 만들지 등, 분석 방법론을 고민한 시간도 상당했다.

저마다 다른 시대에 태어나 자란 이들이 각자의 경험으로 형성한 세대별 특성이 있고, 그것을 살펴보며 '물건 하나를 구매할 때에도 세대마다 특징이 이렇게나 도드라지는구나'라는 배움, 그리고 그것들을 궁금해하는 이들에게 공유하는 작업은 나름대로 의미 있는

〈'○○세대' 언급 순위〉

	2020년 전		2020년 후
1	젊은세대	1	MZ세대
2	다음세대	2	다음세대
3	기성세대	3	젊은세대
4	미래세대	4	기성세대
5	전세대	5	2030세대
6	차세대	6	미래세대
7	부모세대	7	부모세대
8	베이비붐세대	8	전세대
9	**88만원세대**	9	이전세대
10	모든세대	10	**Z세대**
11	이전세대	11	**밀레니얼세대**
12	2030세대	12	차세대
13	우리세대	13	모든세대
14	아버지세대	14	청년세대
15	여러세대	15	요즘세대
16	신세대	16	윗세대
17	현세대	17	X세대
18	윗세대	18	우리세대
19	청년세대	19	다른 세대
20	다세대	20	베이비붐세대
21	X세대	21	다세대
22	**7080세대**	22	현세대
23	다른 세대	23	**586세대**
24	10세대	24	아버지세대
25	**실버세대**	25	3040세대

출처 | 생활변화관측소, 뉴스+트위터+블로그+커뮤니티+인스타그램, 2010.01.01~2022.08.31

새로운 정체성

일이었다.

그중에서도 가장 많았던 요청은 역시 'MZ세대'다. 통상 보고서에선 클라이언트의 요청에 맞춰 특정 시장의 MZ세대와 그 외 세대의 차별적 니즈를 탐색하는 것이 목적이지만, 여기에서는 키워드 'MZ' 자체에 대해 살펴보려 한다. 과연 'MZ'라는 키워드는 이 지대한 관심에 걸맞은(?) 역할을 하고 있을까?

'젊은 세대'에서 'MZ세대'로

유튜브에는 1990년대 X세대 젊은이들을 인터뷰한 영상이 많다. 찾아보면 정말 재밌는데, 세기말 감성을 두르고 있던 당시의 '요즘 애들', '젊은 세대'를 이해하기 어려웠는지, 기자가 묻는다. "왜 이렇게 하고 다니시나요?"

지금 들으면 신비로운 서울 사투리 억양으로 X세대가 대답한다. "이르케 하면 기분이 조크든요. 개성이 중요해요. 윗세대분들은 저희를 자신들과 너무 비교해요." 당시 뉴스에서도 '요즘 애들'인 X세대의 행태를 문제성 이슈처럼 많이 다루었나 보다. 옛날 자료를 보노라면 데자뷰를 느끼는 신기한 체험을 누구나 하게 될 듯하다.

MZ로 돌아와 보자. ○○세대에 대한 언급 순위는 앞의 도표와 같다. 2020년 이후 세대론의 주인은 역시 MZ세대다. 식상한 설명을 덧붙이자면, MZ세대는 1980~95년생을 지칭하는 밀레니얼(Millennials)과 그 이후 세대인 Z세대(Generation Z)를 합쳐서 말하는 용어다. 밀레니얼과 Z세대는 해외에서도 사용되지만 MZ세대는 오직 한국에서만 한 묶음으로 활발하게 쓰인다. 2020년 전에는 그 자리를 '젊은 세대'가 지키고 있었다.

사실 '젊은 세대는 왜 저럴까?'라는 의구심은 수천 년간 인류 역사에서 꾸준히 반복되어온 질문 중 하나였던 만큼 '젊은 세대'라는 키워드도 늘 우리 곁에 있었다. 다만 2020년 이후 'MZ세대'와 '밀레니얼 세대', 'Z세대' 등으로 분석의 잣대를 몇 개 더 들이밀어 보는 중일 뿐이다. 'MZ세대'라는 것은 말하자면 '요즘 애들', '젊은 세대'라는 키워드의 요즘 버전, 시대에 맞게 패치된 쿨한 버전이라고 보면 좋다. 젊은이를 '젊은 세대'라고 부르면 왠지 본인은 젊지 않다는 사실을 인정하는 것 같지만, 'MZ세대'라 부르면 속한 그룹이 다른 정도의 느낌만 가져가니 이 또한 좋은 점이다. 나아가 '젊은 세대'는 후에 태어난 세대라는 의미 정도만 가지는 반면 'MZ세대'는 나중에 태어난 것에 더해 기존에 없던 경험을 내재화해서 태어난 세대라는 맥락도 내포한다. 예컨대 풍요로운 문화자본, 디지털 환경 같은 것 말이다.

MZ세대 중 먼저 태어난 젊은 세대는 '밀레니얼 세대', 라이프스테이지 관점에서는 사회초년생이라 가정하여 분석하곤 한다. 그보다 어린 'Z세대'는 20대 초중반의 대학생 신분이라 가정한다. 그보다 어린 '알파세대'는 아직 의미 있는 수치로 사람들에게 발화되는 키워드는 아니다.

오늘날 'MZ세대'는 사람들이 존재하는 모든 영역 곳곳에서 언급되고 있다. 이런 신조어 같은 키워드가 등장하고 외연을 확장해가는 변화를 살펴보면, 최초로 그 단어를 만든 사람에게는 순수한 탐구의 열정만 있을 뿐 부정적 의도는 없었을 것이다. 다른 예로 '빅데이터', '메타버스' 등의 키워드도 그러하다. 본질에 대한 호기심에서 출발해 사람들에게 활발하게 쓰이면서 토론이 시작되고, 개념의 외연이 넓어지며 물을 타듯 의미가 희석되는 현상, 요즘 뜨는 키워드의 전형적 흐름처럼 보인다. 그렇다면 'MZ세대'라는 키워드는 언제부터 화제가 되었을까? 탄생-돌풍-토론-열풍-희석 중 지금은 어느 지점에 있을까?

고점을 모르는 'MZ' 열풍

소셜데이터로 분석해보면 2019년 하반기만 해도 'MZ'는 아직 존재감이 미미한 키워드였다. 태동하듯 움직임을 보인 것은 2019년 말 그리고 2020년 초이며, 2021년 3월 이후 폭발적으로 증가해 2022년 6월 기준 월 2만 회 이상 회자되는 키워드가 되었다. 추이 그래프의 시간을 길게 펼쳐놓고 보니 2020년엔 언급이 많지 않았던 것처럼 보이지만, 그때도 이미 월 3000회는 너끈히 발화되는 나름대로 핫한 키워드였다. 마치 고점인 줄 알고 또는 일시적인 줄 알고 유심히 살피지 않았는데 쭉쭉 고공행진을 이어가며 역사를 만들고 문화가 되는, "알고 보니 그때가 저점이었다"라며 아쉬워하게 되는 어느 주식 종목과 같다. 데이터는 매 순간 생명체처럼 움직이며 힌트를 남기지만, 인지했을 땐 이미 모두의 삶에 스며들어 있는 경우가 많다.

〈'MZ' 언급 추이〉

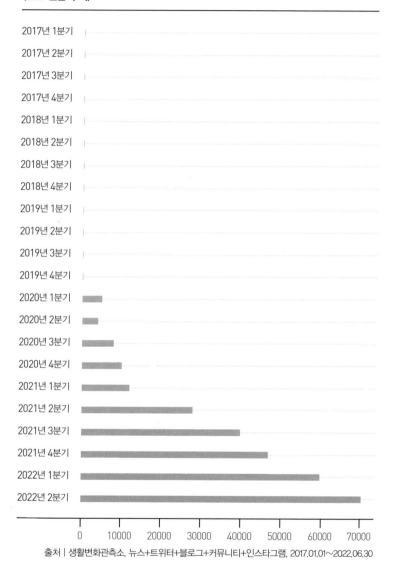

출처 | 생활변화관측소, 뉴스+트위터+블로그+커뮤니티+인스타그램, 2017.01.01~2022.06.30

디지털이 당연한 세대, 물질의 풍요가 당연한 세대, 문화적 자본이 풍부한 세대라는 점에서 이들은 그 전 세대와 다를 수밖에 없다. 그 간극에서 끊이지 않고 발생하는 소통의 격차를 줄이고자 시도한 것이 키워드 'MZ'의 탄생 배경이었을 것이다.

이렇게 몇 년간 지속적으로 발화된 세대 담론은 한때의 돌풍처럼 지나가지 않고 열풍으로 자리했다. 매일 아침 디지털 세계에 입장하면 칼럼니스트가 '세대론'을 과학 이론처럼 멋있게 이야기하기도 하고, '세대 갈등'이라는 제목으로 뉴스에서 무겁게 다루기도 한다. 커뮤니티에서도 '세대별 특징'을 재미있는 밈으로 풀어내는 모습을 흔히 볼 수 있다.

MZ를 둘러싼 담론 : 성과급, 명품 소비, 표심

현재도 진행 중인 그래프의 상승 추이를 따라 'MZ세대'의 담론을 시간순으로 살펴보자.

2021년 초에는 대기업의 성과급 이슈가 화제였다. 공정성, 불평등에 대한 담론이 이슈의 핵심이었다. 기업은 성과급처럼 '오랜 기간 해오던 방식대로 했을 뿐인 것'에 처음으로 분노 섞인 질문을 던지는 사원들에 대한 당혹스러움과 MZ라는 신조어를 함께 인식한 것 같다. 'MZ세대는 확실히 다르다'고.

"기업의 성과급 체계를 시작으로 투명경영에 대해 이슈화해주세요! 도대체 기준은 무엇이며, 불투명하다 못해 암흑덩어리인 이 체계! 사회적으로 이슈화해주십시오. 각종 노사 전문가들의 의견도 필요하고, 준법위원회가 설립됐다고 하는데 불법이 아니라고 해서 그냥 깜깜이로 진행해도 되는 것인지. 사회를 좀 더 투명하게 해주십시오.”

동시에 이 무렵에 트렌드로 부상한, 뚜렷하게 영문을 밝히기 어려운 하이엔드 명품 소비에 대해 MZ세대의 특성과 연결해 분석하는 내용이 쏟아져 나오더니, MZ세대를 ‘겨냥한’ 마케팅이 화두가 되었다. 더현대서울의 명품매장 공간 기획, 명품 중고거래 등 기존에 없던 소비행태가 대두된 이유를 MZ세대의 특별함에서 찾는 흐름, 심지어 모종의 신화 같은 믿음이 있었던 것 같다. 여기에는 그들을 위한 세심한 배려도 존재하지만, 그들을 하나의 역대급 소비자로만 보는 시각도 존재한다.

> “[기자수첩] MZ세대가 명품매장 향해 달려가는 이유. ‘MZ세대의 명품구매는 현실에 대한 상실감·미래에 대한 불안감 잠시 잊으려는 탈출구’”
> “국내 명품 시장 ‘활활’… 새로운 큰 손 ‘MZ세대’ 고가 명품 구매에 몰리는 ‘MZ세대’(20~30대) MZ세대의 명품 소비, ‘플렉스 문화’ 작용 분석”
> “MZ세대, ‘중고명품’에 관심 갖는 이유는? ‘리셀(Re-sell)’ 명품 소비 변화로 중고명품 시장 저변 확대”

그 후 MZ는 청년 정책 등과 맞물리며 수많은 정치인들의 이름과 함께 언급되었다. 특히 2021년 11월 대선을 앞두고 언급량이 다시 상승했는데, 데이터를 살펴보면 정치 관련 키워드가 수두룩하다.

이처럼 2022년 현재 MZ는 소비자이며 정책의 대상으로서 발화되고 있다. 미국의 소설가 블라디미르 나보코프가 한 말이 있다. "We think not in words but in shadow of words." 우리는 단어가 아니라 단어의 그림자로 생각한다는 뜻으로 해석해볼 수 있는데, 세대에 대한 이야기에 대입하면 많은 것이 떠오르는 문장이다. 우린 MZ라는 단어의 주인인 개인들, 그 세대를 바라보고 있는 걸까? 아니면 그 세대를 둘러싼 본질은 희석돼버린 도시괴담 같은 담론들, 단어의 그림자만 바라보고 있을까?

MZ 키워드의 존재이유, 유리함과 옳음 사이

이제 발화의 주체를 살펴보자. 'MZ'를 누가 얼마나 많이 말하고 있을까? MZ라 지칭되는 사람들이 직접 발화하고 있을까?

채널별로 살펴보면 MZ 키워드의 언급 비중은 뉴스가 가장 큰 것으로 나타난다. 통상적으로 MZ세대가 가장 많이 활동하고 있을 트위터, 커뮤니티, 인스타그램의 언급 비중이 훨씬 낮은 걸로 보아 MZ가 자발적으로 언급되는 키워드는 아닌 것으로 보인다. 개인의 주관성이 강한 소셜미디어 채널보다는 사회의 생각, 즉 객관을 담

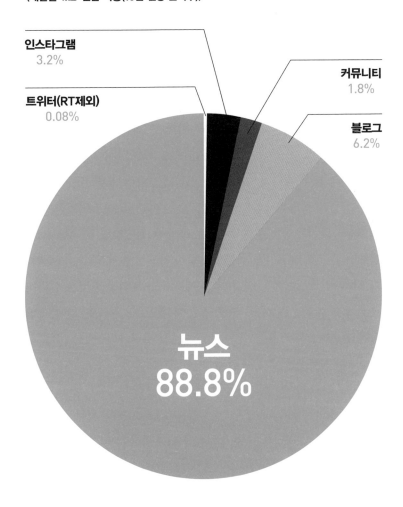

〈채널별 'MZ' 언급 비중(10만 건당 문서수)〉

인스타그램
3.2%

커뮤니티
1.8%

트위터(RT제외)
0.08%

블로그
6.2%

뉴스
88.8%

출처 | 생활변화관측소, 뉴스+트위터+블로그+커뮤니티+인스타그램, 2020.01.01~2022.08.31

당하는 뉴스에서 MZ를 훨씬 활발하게 말하고 있다. 이런 현상은 유튜브를 보면 두드러지게 드러난다. 유튜브에서 'MZ'를 가장 많이 언급하는 상위 10개 채널은 모두 미디어 회사의 것이다.

미디어는 편향되지 않은 객관적인 정보를 제공해야 하는 책임과 동시에 대중에게 통용될 키워드를 적극 활용하는 감각이 요구된다. 그런 만큼 메시지의 대중적 확산을 위해 MZ라는 키워드를 활용해야 하는 현실도 있을 것이다. 단적인 예로 'vidIQ'라는 유튜브 내 키워드 분석 툴에 따르면, 'MZ'라는 키워드는 유튜브 내 볼륨이 크면서 경쟁률은 적당한, 쉽게 말해 써먹으면 아주 좋은 키워드라고 한다. 즉 요즘 젊은이에 대해 말하며 조회수를 원한다면 꼭 'MZ'를 포함해야 유튜브 알고리즘의 선택을 받을 확률이 높아진다는 것이다.

그렇다면 '요즘 젊은이'라는 집단을 MZ라 표현하는 것은 실리적으로 유리하다. 그렇다고 '요즘 젊은이'를 MZ라 부르는 것이 과연 옳은 걸까? 그렇게 호출되는 MZ세대는 늘 무언가의 '대상'이다. 하지만 MZ는 한 단어로 뭉뚱그린 대상으로 보기엔 너무 많은 개인의 합이다.

"mz라는 말 누가 만든 거임. 나랑 10살 넘게 차이 나는 40살도 mz라던데 우선 말이 안 되는 거 아닌가"
"일단 m세대와 z세대를 묶어서 뭉뚱그려서 말하지 마세요. 서로 말안 통합니다"

남다른 감각, 디지털 콘텐츠 활용 능력, 색다른 소통방식 등으로 MZ세대의 대표적 인물로 평가받는 래퍼이자 인플루언서 이영지는 정작 그 평가에 대해 "MZ세대는 MZ세대인 것을 모르며, 알파벳 계보를 이어가고 싶은 어른들의 욕심 같다"라고 말했다. 무엇보다도, 기성세대가 보기에 젊고 어리게만 느껴지는 MZ세대는 사실 진즉 다 큰 우리 사회의 성인이다.

아이폰 SE 3세대가 이전 세대 SE2와 다른 점은 최신 AP가 부착된 점 그리고 늘어난 배터리 용량이다. 이처럼 세대 분류는 스펙의 특성이 뚜렷한 테크 제품에 더욱 잘 들어맞는다. 사람은 세대로 나누기엔 다양하며 독립적이고 유기적이다. 사람은 테크 제품처럼 같은 기능과 모양을 유지하며 정해진 틀에서 작동하지 않는다.

MZ라는 키워드의 출발은 서로 다른 세대를 이해하기 위한 탐구였을 것이다. "디지털이 당연한 세대는 어떤 특징이 있을까?", "태어나서 처음 본 대통령이 여성 또는 흑인인 세대들은 어떤 창으로 세상을 볼까?"와 같은 질문에 답을 도출하는 과정에서 대중성을 위해 출발한 이상적인 키워드였을 것이다. 즉 'MZ세대'라는 키워드는 잘못이 없다. 오히려 특정 세대에 대한 이해를 돕는 데 기여한 부분이 크다. 하지만 지금 이 시점, MZ라는 타깃성 키워드의 역할이 여전히 유효한지 의문을 가져야 한다. 우리 사회의 젊은 어른들에 대한 논의도 공부도 많이 된 지금이야말로 그들의 진짜 이름을 찾을 적기인지도 모른다. 과연 MZ는 누구인가? MZ의 진짜 이름은 무엇일까?

MZ, 나누자니 동시대인이고,
같다고 묶기엔 조금 다른 세대.
MZ로 부르자니 대답하는 MZ가 없는 상황.

MZ의 다른 이름, '청년'

청년은 희망인가?

바야흐로 '그들'을 또는 '스스로'를 MZ세대라 부르는 데 피로를 느끼기 시작한 지금, MZ를 대체할 단어로 가장 먼저 떠오르는 것은 '청년'이 아닐까 한다.

MZ세대가 타자화된 단어인 것처럼, 사실 '청년' 또한 타자화된 대상이다. 여기서 '타자화'는 자신과는 다른 사람이라 여기며 차이점을 부각하고, 나아가 그 차이점 때문에 소외가 발생할 가능성이 있는 시각을 의미한다.

우리가 '청년'이라는 키워드를 가장 많이 듣거나 사용할 때가 언제인지 떠올려보자. 소셜데이터를 봐도 몇몇 브랜드 이름을 제외하면 '청년○○'은 정책과 제도를 의미하는 경우가 많다. '청년일자리', '청년창업', '청년실업', '청년구직활동지원금' 등 청년은 도움을 받아야 하는 대상이라는 의미가 암묵적으로 담겨 있다. 이는 물론 우리 사회의 현실이기도 하다. 청년 혼자의 힘으로는 헤쳐나가기 어려운 사회인 것은 사실이기 때문이다.

지난 10년간 트위터 내 '청년' 연관 키워드는 크게 5번의 변화를 겪었다. 2013~14년은 '응원', '파이팅' 같은 키워드가 발견되는 '희망의 시대'였다. 낙관주의를 바탕으로, 약간의 부침이 있더라도 웃음을 잃지 않고 앞을 향해 가는 청년을 이야기했다. 이 시기의 청년은 희망이라는 열린 가능성이 있고, 사회적으로도 응원받는 모습

〈청년○○〉

청년희망키움통장

청년우대형청약통장 **청년임대주택** 청년전세임대주택

청년도약계좌 **청년저축계좌** 청년지원사업

청년기본법 **청년내일채움공제** 청년대상 청년취업지원금

청년당 **청년떡집** 청년배당

청년비례대표 청년몰 **청년일자리** **청년다방** 청년회의소

청년고용 청년기 청년가구

청년구직지원금 **청년창업** **청년실업** 청년경찰

청년동맹 **청년인턴** 청년구단

청년실업자 **청년수당** 청년모임

청년떡볶이 **청년주택** **청년층** **청년특별구직지원금**

청년실업률 **청년창업가** **청년통장**

청년전용창업자금 **청년희망적금**

청년창업사관학교 **청년구직자** 청년고용촉진특별법

청년제과 **청년구직활동지원금** 청년백수

청년전용창업자금

청년창업지원센터

출처 | 생활변화관측소, 트위터+블로그+커뮤니티+인스타그램+뉴스, 2020.01.01~2022.08.31

으로 그려진다.

2015~16년까지는 '헬조선의 시대'다. 글로벌 금융위기의 여파로 고용시장이 계속 어려워졌던 터라 대학생, 취업준비생, 사회초년생 등 이제 막 사회에 발을 내디딘 청춘들에게 더욱 가혹했던 시기다. 그뿐 아니라 대학 부정입학 사건으로 불평등을 실감한 대학생들이 목소리를 내기 시작했고,[1] 국내 정치적 이슈[2]로 한국은 "이게 나라냐!"라는 분노의 도가니가 되었다. 이대로는 미래가 없다는 정서가 사회 곳곳에 짙게 배어든 그 시기, 청년들의 비관과 박탈감은 더욱 커져갔다.

변화가 시작된 2017년을 거쳐 2018년에는 '헬조선'이라는 키워드가 잠시 수그러들었지만, 2019년 또 다른 대학 부정입학 사건[3]이 이슈화되어 불평등과 헬조선이라는 키워드가 '청년'의 연관어로 다시 등장했다. 이 혼란의 시기를 '불안과 열정의 시대'라 부를 수 있다. 여전히 어두운 미래에 불안해하지만, 한편으로는 열정을 잃지 않고 노력해야 살아갈 수 있다는 괴리 속에 청년들은 분노할 수밖에 없었다.

그 후 코로나의 지구적 유행으로 경기침체가 장기화되고, 앞선 시대에 누적된 문제들도 무엇 하나 온전히 해결되지 않은 상황에서 청년의 분노는 더욱 커졌다. 2020~21년은 청년을 둘러싼 현실

---

1) 2016년 8월, 이화여대 총장 사퇴 촉구 집회
2) 2016년 10월~, 박근혜 정부 퇴진 촛불시위
3) 2019년 8월, 정치인 자녀 고려대 학위 취소 집회

〈'청년' 연관 감성어 순위〉

순위	낙관 희망의 시대		비판 헬조선의 시대		괴리 불안과 열정의 시대			비판 불평등과 분노의 시대		포기 절망의 시대
	2013년	2014년	2015년	2016년	2017년	2018년	2019년	2020년	2021년	2022년
1	희망	희망	희망	희망	희망	평화	평화	희망	희망	희망
2	열정	평화	헬조선	헬조선	헬조선	희망	희망	특별	사랑	평화
3	사랑	사랑	평화	평화	열정	최악	열정	분노	분노	열정
4	평화	열정	최악	열정	평화	열정	분노	평화	고통	절망
5	고민	최악	열정	분노	고민	분노	사랑	열정	걱정	차별
6	분노	고민	분노	심쿵	사랑	사랑	행복	사랑	불평등	기대
7	매력적	매력적	고통	사랑	최악	고통	고민	불평등	불공정	비판
8	반값	불공정	갈등	최악	절망	절망	비판	고통	비판	분노
9	걱정	공감	비판	안전	정치적	헬조선	불안	진심	열정	사랑
10	도움	절망	절망	고통	분노	도움	안전	절망	차별	진심
11	응원	성실	고민	고민	불안	불안	아픔	비판	고민	혐오
12	아픔	불평등	사랑	갈등	차별	정치적	불평등	불공정	평화	불공정
13	고통	화이팅	걱정	절망	고통	고민	기대	불공정	진심	안전
14	실패	행복	불평등	절규	응원	부담	진심	안전	도움	정치적
15	차별	걱정	실패	불평등	안전	안전	헬조선	성실	절망	걱정

출처 | 생활변화관측소, 트위터, 2013.01.01~2022.08.31

을 더욱 비판적으로 바라보며 불평등과 불공정에 대한 논의도 더 활발하게 이루어진 시기다.

사실 '청년'과 함께 가장 많이 언급되는 키워드는 '희망', '평화'와 같은 밝고 미래지향적인 키워드다. 그렇지만 필자 역시 청년임에도 불구하고 실제로 청년의 미래가 희망차냐고 묻는다면 '아닐지도 모른다'고 답하고 싶다. 앞서 '청년○○' 워드 클라우드에서 확인한 바 있듯, 청년에 '희망'을 붙인 말은 주로 정부에서 펼치는 청년 정책에 사용되곤 한다. 2022년에 청년들 사이에 가장 주목받은 정책 중 하나인 '청년희망적금'이 대표적이다.

하지만 아이러니하게도 청년 연관 감성에는 '절망' 또한 강력하다. '청년희망적금'이 '청년절망적금'으로 불리는 것에서 단적으로 드러난다. 제한된 소득기준을 충족하는 청년이 월 최대 납입액인 50만 원을 납입하고 나면 정작 생활에 쓸 돈이 없다. 정부 지원으로 이자율을 높인 '희망' 저축이 '절망' 저축이 된 이유다. 청년에 대한 인식의 모순이 바로 이 지점에 있다. 청년의 희망찬 미래를 위해 국가가, 사회가, 주변 기성세대가 도움을 주고자 하지만, 정작 그 도움을 받는 사람은 여전히 자립이나 일상생활이 어려운 경우가 많다.

"편알 하면서 돈 평균 50만 원 벌면서 청년 절망 적금 달마다 50씩 들어가고 학원비 25만 원에 교통비 학교 다니면 10만 원 정도… 고정적으로 들어가는 돈이 85만 원인데 나는 50만 원을 벌고⋯⋯⋯ 벌고⋯⋯⋯ 돈 아껴 써야지⋯"

"독립한 사회초년생에게 최저임금기준 83 현실적으로 좀 빡세지 않나 싶은⋯ 물론 되면 좋지만 청년절망적금도 50 풀을 못 채우는 경우가 많다⋯ 결론은 역시 임금 올라야 함"

미생은 완생이 될 수 있을까?

'청년'이 언급될 때의 연관어를 뉴스와 소셜미디어로 나누어 비교해보았다. 소셜미디어에서 청년은 '지원금', '적금', '대출' 등 당장 생활에 필요한 자금을 위한 제도와 더불어 '대학생', '꿈', '관심', '20대' 등 일상에 관한 단어가 나타난다. 반면 앞서 청년이 정책적으로 많이 언급되는 것에서 확인할 수 있었듯이 뉴스에서 청년은 '공약', '선거' 등 정치권의 키워드가 연관되며, 단지 어떠한 특징을 가진 '유권자'로 묘사되는 경우가 많다. MZ세대가 마케팅의 대상으로 이해되는 타자적 존재였다면, 청년은 정치적으로 불리는 타자적 존재인 것이다. 청년은 가진 건 없어야 하지만 희망과 열정은 있어야 하는, 동정과 응원의 대상으로 그려진다.

"결혼을 해서 아이를 하나만 낳아서 길러도 빚더미에 앉기 일쑤입니다. 인구정책은 경제적 논리로 보면 안 되고, 부모가 되는 청년세대의 삶을 바라봐줘야 합니다."

뉴스에서 말하지 않는 '청년의 삶'은 무엇일까? 자신이 가입한

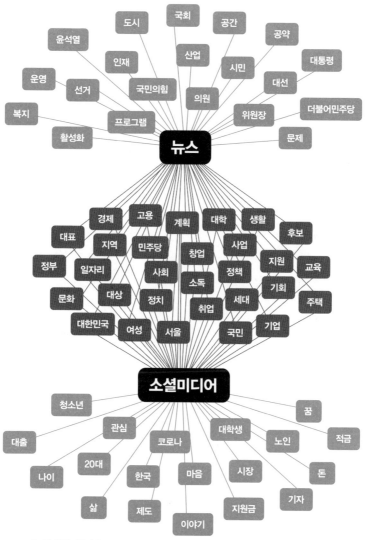

〈뉴스 vs. 소셜미디어의 '청년' 연관어〉

출처 | 생활변화관측소, 뉴스+트위터+블로그+커뮤니티+인스타그램, 2020.01.01~2022.08.31

새로운 정체성

예적금 새로 가입하려고 맨 위에 카페 들어가려다가
마침 맨 위에 뜨는 카페 목록이 모두...
대한민국청년의삶.jpg 같아서 너무 웃겼음 ,
Translate Tweet

알림	구독	메일	카페	블로그

월급쟁이 재테크 연구카페(예금,적금,펀드...
새글 1,429   31초 전

■청년 주택 정보 카페 | 전세임대/행복주택/...
새글 273   40초 전

독취사-취업,대학생,대기업,공기업,GSAT,N...
새글 1,104   2분 전

• 피터팬의 좋은방 구하기 •
새글 2,399   1초 전

옆커뮤-휴대폰성지시세표,구매후기,밴드,호갱...
새글 614   14분 전

3:36 PM · Jul 31, 2022 · Twitter Web App

대한민국 청년의 삶.jpg
(출처 : 트위터 @my_summersea)

커뮤니티 리스트에 '대한민국 청년의삶.jpg'라 이름 붙인 이의 트윗을 살펴보자. 재테크, 주거, 취업, 생활필수품 등 일상적 고민과 생활에 필수적인 정보를 얻을 수 있는 커뮤니티 목록이 주르륵 뜬다. 실제로 청년들은 자신의 삶과 직결되는 문제를 해결하기 위해 다양한 노력을 하고 있다. 헬조선의 시대에 불평등과 불공정에 분노하지만, 청년 개인들의 '노오력'은 여전히 필요하다.

한때 '미생(未生)'이라는 말이 청년들을 위로하던 때가 있었다. 웹툰을 원작으로 2014년 방영한 tvN 드라마 〈미생〉의 명대사 "우리는 아직 다 미생이야" 덕분이었다. 버티는 것이 완생(完生)으로 가는 길이라는 믿음은 청년들에게 지금 당장은 부족한 점이 많고 힘에 부치더라도 나중에는 괜찮아질 거라는 위안을 주었고, 계속 나아지고 있다는 희망을 품게 했다.

하지만 2021년 유튜브 웹드라마 〈좋좋소(좋소좋소좋소기업)〉가 보여준 현실은 많이 달라져 있었다. 〈미생〉에서의 오 과장은 신입 장그래에게 '우리 애'라는 소속감을 심어주고, 장그래는 체력과 실력을 기르며 계약이 종료될 때까지 버텨낸다. 반면 〈좋좋소〉의 조충

범은 중소기업의 체계 없는 갑질과 잡일에 질려 회사에서 도망친 경험이 있다. 절망의 시대인 현재, '존버가 승리한다'는 주문에도 완성은 불가능한 것처럼 보인다. 이제는 '빠른 손절만이 답'이라는 말이 퍼져나간다. 일한 만큼 정당한 보상을 얻지 못한다고 생각되면 빠르게 다른 곳으로 움직여야 하고, 더 이상 버티지 못할 것 같을 때 나를 돌봐줄 사람은 자신밖에 없다고 여기는 시대가 된 것이다.

존버하는 사람의 최후라 불리는 '번아웃 증후군'은 이미 2019년 WHO에서 질병으로 분류한 바 있다. 청년들은 방향성 없이 버티기만 하는 삶을 최선이라 생각하지 않는다. 미디어가 대상화한 모습이 더 이상 통용되지 않는 지금, 청년들은 자신에 대해 어떠한 정체성을 가지고 살아가고 있을까? 바로 '1인'이다.

"월급은 1인분 주면서 일은 3인분 주지 마."

'1인분만 할게요' vs. '1인분이라도 잘하자'

'1인'에는 스스로를 챙기는 의미가 담겨 있지만, 철저한 개인주의를 말하는 것은 아니다. 오히려 다른 사람들과 함께 살 수밖에 없다는 것을 알기에 1인으로서 자신의 몫을 해내려는 사람이다. 특히 사회초년생들의 태도를 '1인분을 해내다'라는 표현으로 설명할 수 있다. '1인분'은 게임에서 많이 쓰이던 표현이었으나 현실이 게임에 비유되곤 하는 흐름을 타고 e스포츠에서 스포츠 전반으로, 일로, 나아가 인생으로 확장되어 사용되고 있다.

게임에서처럼 사회생활은 팀으로 움직여야 하는 경우가 많고, 팀은 같은 목표로 움직이는 것이 일반적이다. 같은 목표를 달성하기 위해서는 각자 맡은 바를 잘해내야 하므로 1인분을 하지 못하면 안 된다. 조별과제에서 무임승차가 허용되지 않는 것처럼 팀 사회에서도 묻어가면 안 된다. 1인분을 수행하는 개인들의 공정함이 보장된다면, 설령 목표를 달성하지 못했다 하더라도 1인분은 했다고 인정해준다. 이러한 이유로 '아무리 못해도 1인분은 하자'라든가, '더도 말고 덜도 말고 딱 1인분만큼만 하자'는 태도가 많은 사회초년생의 디폴트 값이 되었다. 즉 '1인분'은 독립적인 사회구성원으로서의 책임과 역할을 뜻하며, 그 역할을 다 했을 경우 받는 보상을 함의한다.

"나도 에임 좋고 싶다. 항상 배필 같은 팀겜 선호하는 것도 내가 에임이 안 좋아서 팀에게 서포트함으로써 1인분을 한다는 만족감을 느낄 수 있어서인데 에임은 진짜 재능이 있어야 하는 듯"
"이번 주 투보이스 보는데 성야원 음악도 연기도 어느 쪽이 본업이라는 느낌 없이 둘 다 1인분 하고 싶었다고? 대충 그런 얘기 들으면서 충분히 잘하고 계십니다… 싶었어"

1인분 혹은 그 이상의 일을 했는데 그만큼의 보상이 따라오지 않으면 나의 1인분을 대우해주는 곳을 찾아 이직하는 것이 요즘 젊은 직장인들의 국룰이다. 과거에는 여러 번 이직하면 '진득하게 일하지 못한다'는 비판을 들었지만, 지금은 한 회사에 오래 다니면 '호구 아니냐'는 취급을 받는다. 이제는 이직이야말로 자신의 커리어를 개척하고 그만큼의 보상으로 개인의 가치를 높이는 가장 효과적인 방안으로 인식된다.

"직장에는 세 종류의 사람이 있죠. 0.5인분 하는 사람과 딱 1인분만 하는 사람 그리고 3~4인분을 하는 사람. 보통 회사는 3~4인분 하는 사람들 덕에 돌아갑니다.
ㄴ [Re] 그리고 0.5인분 하는 사람은 오래 다니고 3~4인분만 하는 사람들 멘탈 털려서 몇 년 주기로 갈아엎고 다시 3~4인분 하는 사람 들어오는 구조의 회사가 많은 듯… 딱 1인분만 하는 사람이 되고 싶네요"

이러한 흐름을 반영하듯 '평생직장' 언급량은 비슷한 수준을 유지하는 반면, '이직준비'라는 키워드는 2020년 1월 대비 2022년 7월 1.8배 증가했다. '회사복지', '직원복지'를 포함한 '직장복지'의 언급량 또한 2020년 10월을 기점으로 '평생직장'을 역전했다. 이직을 고려하는 유능한 인재들의 유출을 막기 위해 기업은 복지제도 마련에 힘써야 하며, 실제로 힘쓰고 있다.

SK하이닉스에서는 직원들의 의자를 '사무용 의자계의 샤넬'이

〈'이직준비' vs. '평생직장' vs. '직장복지' 언급 추이〉

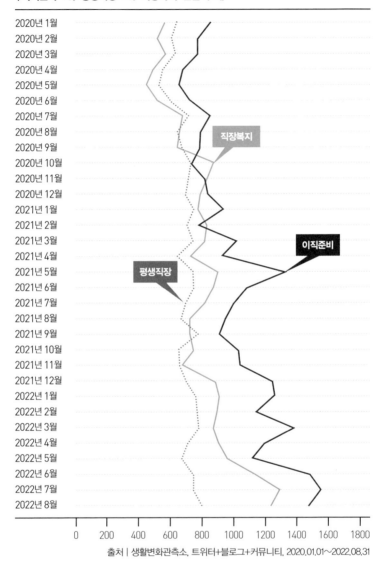

출처 | 생활변화관측소, 트위터+블로그+커뮤니티, 2020.01.01~2022.08.31

라 불리는 허먼밀러 제품으로 교체했다. 사무용 의자까지 신경써주는 회사에 사람들은 "이런 게 복지"라고 외친다. 단순히 돈을 많이 주거나 일을 줄여주는 게 아니라 하루의 상당 시간을 보내는 공간에서 개인의 삶의 질을 향상시키는 방향을 추구하기 때문이다. 기업들 사이에 소위 '복지 배틀'이 시작되면서, '일하고 싶은 직장'은 무엇인지에 대한 논의도 일어나고 있다.

"토스 웹프론트개발자 2달 후기 :

1. 일이 엄청 많고 비즈니스가 미친 듯한 속도로 진행됨

2. 일이 놀이가 됨

3. 동료가 복지

4. 회사 사람들끼리 모여서 회사 욕을 안 하고 칭찬함

5. 실속 있는 데이터 드리븐을 함

6. 이게 돼? 진짜 됨의 순간이 아주 많음

7. 맘에 안 드는 점이 있으면 토론해서 개선함"

예시에서 보듯이 MZ세대가 생각하는 기업의 복지는 1인분의 몫을 해낼 수 있도록 업무효율을 높여주는 환경을 제공하는 것이다. 직장인으로서의 삶을 개인의 삶이라고도 생각하며, 질적으로 나은 기업문화를 추구하는 것이다. 1인분 이상의 일을 했다면 그만큼의 성과급을 지급해야 하고, 이를 계기로 더 큰 몫을 해내는 개인으로 발전이 일어날 수 있다. 이런 기업에서는 수많은 구성원 중 '익명1'

〈'자취하다' vs. '독립하다' 연관어〉

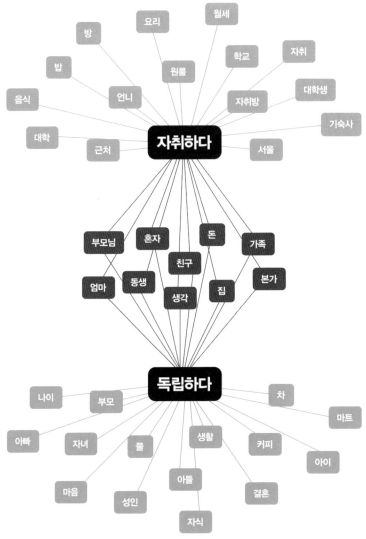

출처 | 생활변화관측소, 트위터+블로그+커뮤니티+인스타그램, 2020.01.01~2022.08.31

이 아니라 독립된 개체인 '1인'으로 생존할 수 있으며, 커리어와 인생의 방향성을 직접 설정하고 원하는 성취를 이룰 때까지 존버할 수 있을지도 모른다.

말하자면 1인은 '독립'을 전제로 한 상태이며, 완전하지 않더라도 그 자체로 '온전한' 자신으로 있기를 선택한 사람의 정체성이다. '독립하다' 하면 떠오르는 '자취하다'를 생각해보자. 타지에서 대학생활을 시작할 때 기숙사와 함께 선택지로 제시되는 자취는 대학을 졸업하면 끝나는 임시 상태의 성격을 띤다. 반면 어느 정도 나이가 차거나 결혼을 하는 등 라이프스테이지가 바뀌면서 성인의 생활을 시작하는 독립은 재정과 마음까지 독립한 상태를 가리킨다.

자취생이 아닌 독립한 1인을 이르는 말로 몇 년 사이 떠오른 키워드는 '1인가구'다. 예전에는 사회를 구성하는 기본 단위를 가족으로 인식하는 경우가 많았으나, 점차 다양한 가족 형태가 등장하고 독자적인 세대 구성이 많아지는 변화가 일어났다. 그에 따라 사회의 기본 단위가 무엇이 되어야 하는지에 대한 질문이 나왔는데, 여기에 불을 지핀 것이 코로나 팬데믹 시기에 지급된 재난지원금이다. 코로나 긴급재난지원금 논의가 이루어진 2020년 4월, 소셜데이터상에서 '1인가구'와 '4인가구' 언급량이 모두 정점을 찍었다. 자취생들은 자신도 재난지원금을 받을 수 있는지 알아보면서 스스로를 1인가구의 세대주로 인식하기 시작했다.

이후 '1인가구'가 '4인가구' 언급량을 추월해 계속 증가하면서 '4인가구'로 대표되는 가족 중심의 제도와 인식을 다시 생각하는 사회적 계기가 마련되었다. 그 결과 5차 재난지원금은 개별 가족 구성원에게 지급하는 방식으로 개편되었다. 그 후 2022년 3월에 확진자 폭증으로 코로나 생활지원금이 지급될 때에는 1인당 10만 원, 2인 이상 가구는 15만 원이 책정되면서 '1인'이 정책 실행의 기준점으로 자리잡고 있음을 보여주었다.

사실 1인가구는 2000년대 이후 크게 늘면서 우리 사회의 주요 가구형태가 된, 보편화된 지 20년이 된 익숙한 개념이다. 다만 자취생, 독립, 독거 등으로 불리다 1인가구라 표현되기 시작하면서 그 의미도 사뭇 달라졌다. '밥은 먹고 다니냐'라고 안부를 묻게 되는 독거 청년이나 라면으로 끼니를 때우는 자취생이 아니라, 주체적이고 자유로운 삶을 누리는 독립체이자 소비 트렌드 리더로 선망받게 된 것이다.

가장 큰 변화는 집에서 나타난다. 집을 단순히 혼자 사는 공간이 아니라, 오롯이 나를 위한 공간으로 여기게 되면서 물건 하나를 들이는 데에도 기준이 달라졌다. 혼자여도 물컵과 커피잔과 와인잔과 위스키잔을 각각 구비하고, 2주에 한 번씩 꽃병에 생화를 갈아 꽂기도 한다. 자주 물통을 비우기 어려우니 제습기는 용량이 더 커지고, 빨래를 주말에 몰아서 하므로 세탁기도 커야 한다. 하여 가전은 1인가구에게도 역시 '거거익선(巨巨益善)'이 정답으로 통한다. 공간 구획도 정석으로 한다. 유튜브의 수많은 집 꾸미기, 방 꾸미기 영상만 봐도 넓지 않은 공간을 분리해 나름의 침실, 나름의 다이닝룸, 나름의 작업실을 갖추려 노력한다. '혼자 사는데 이렇게까지 해야

〈‘MZ세대’ vs. ‘청년’ vs. ‘1인가구’ 연관 상품/브랜드〉

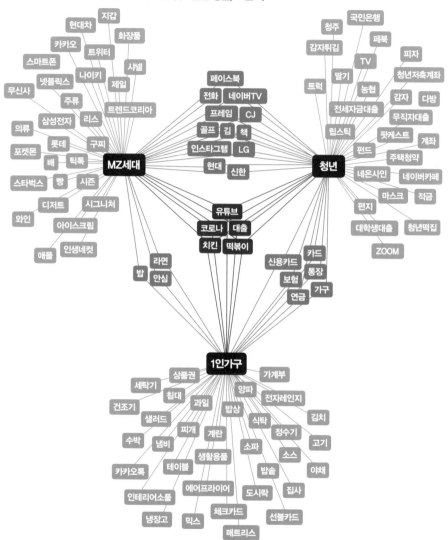

출처 | 생활변화관측소, 트위터+블로그+커뮤니티, 2020.01.01~2022.08.31

해?'라는 생각이 '혼자 사니까 이 정도는 해야지'가 된 것이다.

꼭 혼자 살지 않아도 마찬가지다. 4인가족이 같이 살아도 자신의 방은 오롯이 나만을 위한 공간으로 갖추고자 한다. 각자의 가치와 라이프스타일에 따라 각각의 기준이 생긴, 그야말로 '1인들의 세상'이 되었다.

지금까지 우리는 MZ세대라 불리는 이들의 정체성에 대해 생각해보았다. 미디어와 마케팅의 대상으로서 MZ, 정책과 정치의 대상으로서 청년, 그리고 독립된 주체로서의 1인. 여기에서 기업과 마케터는 어떤 기회를 찾을 수 있을까?

어떤 기회를 발견하든, 잊지 말아야 할 것이 있다. 이들을 타자적 존재로 인식하지 말아야 한다는 것이다. 그렇지 않으면 '젊은 애들', 'MZ세대', '청년' 등의 기존 키워드가 보여온 한계를 그대로 답습할 뿐이다. 구찌 가방을 들고 틱톡을 찍는 MZ세대도, 주택청약에 당첨되길 기도하는 청년도, 커다란 건조기 구매를 고려하는 1인가구도 모두 각자인 '한 사람'으로 여겨야 한다. 그들에게 제품이나 서비스를 판매하려면 그들 개개인의 삶을 들여다보는 것이 우선되어야 한다. 본인들의 감성과는 동떨어진 이름으로 함부로 부르는 대신, 젊은 세대가 스스로 인지하고 있는 '1인'으로서 그를 고려하자.

혼자서도 완벽을 추구하는
'완전한 1인' 보다
'그 자체로 온전한 1인' 이 되는 삶이
'MZ세대, 청년, 1인가구' 가
살아가는 방식이다.

1. 'MZ세대'라는 키워드는 마케팅 타깃으로서
'요즘 젊은이들'을 지칭하는 용어로 그 역할을 다하고 있을까?

아니다. MZ세대에 들지 못한 사람들이 붙인 말이며, MZ세대가 아닌 사람들만이 쓰는 키워드다.

2. MZ세대가 아니라면, '청년'은 '요즘 젊은이들'을
설명하기에 적절한 키워드일까?

아니다. 청년 역시 타자화된 키워드로서, 희망이 생기길 바라는 제도들에서 절망을 맛보게 되는 사람들이다.

3. MZ세대나 청년이 아니라면,
도대체 무엇이라고 불러야 하는가?

그 자체로 온전한 개인, 1인, 1인가구다. 그들은 스스로 완벽하다고 생각하지는 않아도, 그 자체로 온전한 존재라 여긴다.

4. 우리 브랜드가 팔아야 할 1인분은 얼마만큼일까?

1인분을 다하고자 하는 이들이 먹는 만큼, 사용하는 만큼, 일하는 만큼이 각자의 1인분이다. 세대 특성도 중요하지만 그것만으로 타깃을 쉽게 정의하지 말자. 1인이라는 정체성은 소비자 개인이 직접 느끼는 매우 주관적인 것이다. 구체적인 한 사람을 상상하고, 관찰하자. 구체적으로 설명될 수 있는 한 사람 한 사람이 모여 커다란 집단을 이룬다는 사실을 잊지 말자.

PART 2

새로운
경제감각

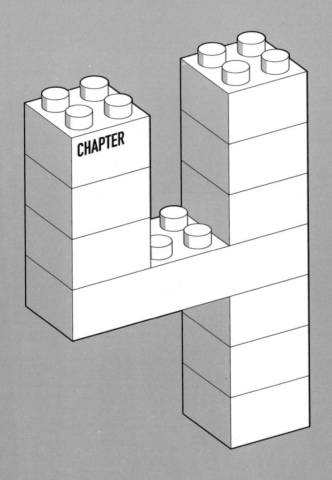

CHAPTER

자본주의 키즈의 감감감

신수정

'자낳괴'와 '갓생' 사이

서로 다른 세대는 서로를 이해할 수 있는가? 혹은 한 세대는 정말로 다른 세대에게 이해받길 원하는가? 한 세대는 고유의 가치관과 정체성을 형성하는 독립적인 시간을 가진다. 그러므로 특정 세대의 시간을 살지 않는 이상, 다른 세대를 이해하는 것은 곡해하거나 되기 쉬울 뿐 아니라 근본적으로 불가능하며, 더욱이 우리는 그것을 원하지도 않는다. 다만 우리는 존중받고 싶을 뿐이다.

지금 일어나는 사회문화 변화의 진원지를 세대로 읽을 것인가, 시대로 읽을 것인가? 이에 대해서는 앞에서 충분히 다루었으므로 여기서는 이 질문에 대한 답과 무관하게 존재하는, 기존의 가치관을 단번에 낡은 것으로 만드는 새로운 가치관, 낡음에서 새로움으로 나아가는 소비문화 현상에 주목하려 한다.

풍요의 시대에 태어나 돈에 대해 솔직하고, 뛰어난 경제관념을 가진 이른바 자본주의 키즈[1]들. 그러나 풍요는 상대적이다. 풍요의 속내에는 자본주의 소비문화의 소화불량 현상이라 칭할 수 있는 '자낳괴'와, 자본주의 소비문화 속에서 사생아처럼 탄생한 '갓생'이 있다.

'자낳괴'는 '자본주의가 낳은 괴물'의 준말로, 2010년경 어느 인터넷 BJ가 별풍선을 받으려고 과도한 언행을 하는 모습에 시청자가 남긴 댓글에서 파생되었다. 주로 돈을 벌기 위해서라면 자신의 신념이나 취향에 반하는 행위도 마다하지 않는 사람에게 쓰이곤 한다. 인터넷에는 치킨 트라우마가 있는 연예인이 치킨 광고를 했거나, 도라에몽을 좋아하는 연예인이 도라에몽을 싫어하는 역할을 연기한 과거가 '자낳괴'의 전설적인 예시로 기록되어 있기도 하다.

그러나 흥미롭게도 현재 '자낳괴'라는 말은 천민자본주의적 세태에 대한 비판으로 쓰이는 경우가 드물다. 오히려 눈앞의 현실에 대해 자조적으로 쓰거나, 더 나아가 피할 수 없는 현실에 대한 공감의 키워드로 쓰이기도 한다. 자낳괴의 연관어로 '돈', '자본주의'뿐 아니라 '블로그'와 '알바'가 상위권에 언급된다. 아르바이트를 하는 행위, 그리고 네이버 주간일기 챌린지에 낚여 블로그에 일상을 기록하는 행위에 대해 스스로 '자낳괴'라 표현하는 사례가 늘고 있다. ('자낳괴' 언급 추이는 네이버 블로그 챌린지가 진행된 2021년 5~6월에

---

1) 김난도 서울대 소비자학과 교수가 코로나19 시대에 부상한 '2021년 신축년 10대 트렌드' 중 하나로 꼽은 것으로, 돈과 소비에 편견이 없고, 광고에 관대해 PPL을 자연스럽게 받아들이며, 재무관리와 투자에도 적극적인 젊은 세대를 일컫는 말

급격히 상승했다.) 자낳괴의 연관 감성 또한 부정적이기보다는 '웃기다', '귀엽다'처럼 돈을 벌기 위해 분투하는 모습에 공감하는 내용이 많다.

> "[대학생 일상] 수업이 끝나고 바로 알바를 간다. 자낳괴에게 여가시간이란 없다. 그래서 헬스를 일주일 동안 못 갔다. 더 이상의 질문은 받지 않겠다. 담주에 갈 거시다…!"
> "자낳괴의 블챌. 와 나 지금 4월 일기도 쓰다가 미뤄놨는데 자낳괴라서 일단 블챌 먼저 조져볼게???"

학교 수업과 아르바이트를 병행하느라 여가시간을 갖기 어려운 자낳괴, 블로그에 일기 쓰기를 미루던 중 블로그 챌린지를 한다고 하니 겸사겸사 일기 쓰기를 서두르는 자낳괴. 어딘가 이상하지 않은가? 위 예시문에서 '자낳괴'의 자리를 하루하루 생산적으로 열심히 살아내는 삶을 뜻하는 '갓생'으로 바꾸어보자.

> "[대학생 일상] 수업이 끝나고 바로 알바를 간다. 갓생 살려면 여가시간이란 없다. 그래서 헬스를 일주일 동안 못 갔다. 더 이상의 질문은 받지 않겠다. 담주에 갈 거시다…!"
> "갓생 살기 블챌. 와 나 지금 4월 일기도 쓰다가 미뤄놨는데 갓생 살려고 일단 블챌 먼저 조져볼게???"

자낳괴를 갓생으로 바꾸어도 전혀 어색하지 않다. 오히려 원래 갓생이 쓰였던 것처럼 자연스럽다. 아르바이트는 돈을 벌기 위한 행위이기도 하고, 하루하루 열심히 사는 태도를 보여주기도 한다. 마찬가지로 블로그 챌린지는 경제적 이득을 추구하는 행위이기도 하면서 일상을 꾸준히 기록해 나간다는 점에서 성실한 태도를 보여주기도 한다. 즉 행위는 같은데 행위를 해석하는 관점만 다른 것이다. '자낳괴'가 현실에 적응하기 위해 포기하는 자아 정체성에 대한 변명으로 스스로 이름 붙인 용어라면, '갓생'은 주어진 현실 조건을 뛰어넘는 힘을 가진 주체가 되기를 열망하는 용어다. 각각의 용어에 어떠한 행위가 더욱 가까운지 살펴보면 이 차이가 좀 더 뚜렷이 드러난다. 다음 페이지에 소셜미디어상 '자낳괴' 연관 관심사와 '갓생' 연관 관심사를 각각 도출한 뒤 네트워크 그래프로 나타내보았다.

자낳괴에 가까운 대표적인 관심사는 '출근'이다. '출근'은 지극히 현실적인 행위로, '나'라는 주체성이 없다. 자아를 억누르고, 조직의 부품으로 기능하며, 자기 정체성에 대한 희생의 보상으로 경제적 이득을 얻는다. 반면 갓생에 가까운 대표적인 관심사는 '책'이다. '책'은 지극히 이상적이다. 온전히 나를 위한 행위로 내가 선택한 시공간에서 내가 선택한 세계로 빠져들 수 있지만, 당장 눈앞의 문제를 해결해주지는 않는다. 예컨대 월세라든가 카드비라든가. 또한 직장생활은 현재의 자신에 대한 변명거리가 될 수 있지만, 책 읽기를 게을리하거나 운동을 하지 않은 것은 자기관리를 못한 결

〈'자낳괴' vs. '갓생' 연관 관심사〉

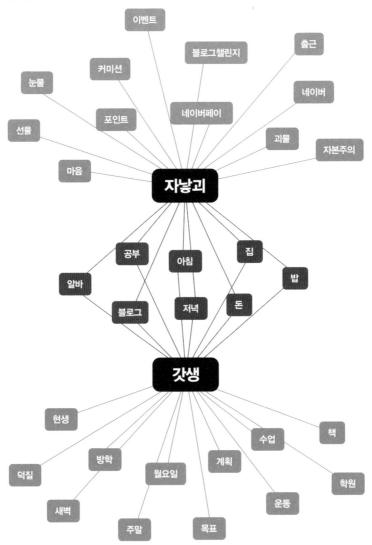

출처 | 생활변화관측소, 블로그+트위터+커뮤니티, 2021.01.01~2022.08.31

격사유로 받아들여지기도 한다.

그리고 '자낳괴'와 '갓생' 사이에 블로그와 아르바이트가 있다. 블로그는 온전히 나 자신을 위한 것이면서 어떻게 운영하는가에 따라 향후 수입과 직접 연결될 가능성이 높고, 아르바이트는 장기가 아닌 이상 자신의 정체성을 해치지 않으면서 경험도 될 수 있다. 다시 말해 블로그와 아르바이트는 출근보다 부담 없고 책 읽기보다 현실적인, 근미래의 자신을 위해 지금 당장 할 수 있는 포텐셜 높은 일인 셈이다. 2021년에 이어 2022년에도 이어진 네이버 블로그 챌린지에 대한 열정과다 현상은 이러한 현실 적응과 현실 전복의 욕망이 만나는 지점에서 터졌다고 할 수 있다.

'자낳괴'와 '갓생' 사이를 왕복하는 젊은 세대는 자기 정체성을 해치지 않는 현실관계와 (잠재적이더라도) 경제적 가치로 환원될 수 있는 경험을 바란다. 지금 젊은 세대에게 가장 중요한 두 가지 질문을 기억하자. '나를 둘러싼 현실관계를 어떻게 정의해야 내가 행복해질 수 있는가', 그리고 '돈이 나를 지배하지 않고, 내가 돈을 지배할 수 있는 방법은 무엇인가.'

#민감 : 관습을 따져 묻고 습관을 성형하다

관습과 습관. 음절의 순서를 바꾸는 것만으로 이처럼 서로 다른 가치관을 대변하게 된 용어가 오늘날 또 있을까? 예전에는 관습을 으레 따라야 마땅한 일로, 반면 습관은 대부분 고쳐야 마땅한 개인의 나쁜 기질처럼 이야기했다. 하지만 지금은 이 관계가 역전되었다. 관습은 무작정 따르기 전에 혹여 나의 행복을 해치지는 않는지, 차별의 소지는 없는지를 먼저 따져 묻는 것이 되었고, 습관은 내 삶을 건강하고 성공적으로 가꾸어가기 위해 적극 개발해야 하는 것이 되었다.

우선 관습부터. 대표적인 관습 중 하나인 결혼에 대한 입장차를 살펴보자.

"나는 관습이나 타성에 젖어 결혼하고 출산했다. 뭘 몰라서 결혼하고 출산을 해서 바보 같았다고, 좀 더 일찍 알았으면 좋았을 것이라는 생각도 한다. 큰 사랑 같은 거 없었다. 결혼하면서 굴욕감과 패배한 기분이 들었다. 내가 이것밖에 안 된다는 걸 인정할 수밖에 없는 게 싫었다."

"결혼해서 행복하게 살고 자기 닮은 자식 낳아서 잘 사는 사람들 보고 잘못된 관습에 순종하며 사는 거라며 악의가 다분한 시선을 보내는 사람이 정말 걱정스럽다… 남의 행복에다 왜 저주를 하나요… 비혼과 기혼은 각각 서로가 영영 겪어보지 못할 삶이니 그저 행복을 바라주면 안 되나…"

결혼이라는 행위는 같지만 누군가에게는 무비판적으로 수용한 관습일 뿐이고, 또 누군가에게는 사회를 유지하고 개인을 안정적인

관심 증가율 →

언급량		낮음	중간	높음
	많음	시어머니, 식구, 시아버지, 친척, 친정엄마, 시부모, 며느리	남편, 아들, 딸, 부부, 아내, 조카, 누나, 형제, 형, 남동생	아이, 엄마, 아빠, 부모, 아기, 동생, 자녀, 언니, 오빠, 할머니, 남자아이, 막내, 할아버지, 이모, 반려견, 사촌
	중간	형님, 여동생, 장남, 사위, 신부, 아가씨, 시댁식구, 시누이, 대가족, 손자, 동서, 친정아빠, 외동	남매, 삼촌, 고모, 장녀, 손주, 직장맘, 형부, 손녀, 학부모, 효자, 모녀, 신혼부부, 이모님, 육아맘, 전업맘	반려동물, 배우자, 집사, 조상, 애완동물
	적음	예비신랑, 사돈, 장인어른, 새댁, 연년생, 남의편, 예비신부, 외벌이, 처제, 유부남, 외동딸, 유부녀, 싱글남, 외동아들	차남, 차녀, 조부모, 다둥이, 싱글맘, 약혼자, 불효자, 돌싱	파트너, 외삼촌, 룸메이트, 반려묘, 혈육, 효녀, 초보맘, 숙모, 딩크, 다자녀, 반려식물, 불효녀

출처 | 생활변화관측소, 블로그+커뮤니티, 2019.01.01~2022.08.31

환경 속에 살 수 있게 하는 제도로 해석된다. 여기에 정답은 없다. 다만 이 모든 입장 차에도 불구하고 기존의 관습에 대해 되묻고 더 새롭고 다양해지기를 바라는 흐름은 읽을 수 있다.

스스로 선택 가능한 결혼에 대한 태도가 이렇게 달라졌다면, 내가 선택할 수 없는 가족에 대해서는 어떻게 인식하고 있을까? 소셜미디어에서 쓰이고 있는 관계의 호칭 변화를 살펴보자.

가족 구성원을 일컫는 표현 중 어떤 표현이 많은지, 또 증가하고 있는지를 도표로 나타내보았다. 다양한 의미를 읽을 수 있겠으나 필자가 주목한 것은 상대방을 부르는 호칭도, 가족 정책의 새로운 대상도 아닌데 소셜미디어에서 활발하게 통용되며 가파르게 늘어나고 있는 '혈육'이란 표현이다. 최근 소셜미디어상에 형제자매를 일컬을 때 '혈육'이란 표현이 늘어나고 있다. '혈육'은 사전적으로 부모, 자식, 형제같이 한 혈통으로 맺어진 육친을 뜻하는 말로, 대상을 부르는 호칭이 아니다. 친형제는 부모 다음으로 가까운 2촌으로, 호칭으로 부르는 것이 일반적이다. 그런데 최근에는 나의 친형(오빠), 친언니(누나), 친동생을 '혈육'이라 칭하며 거리감을 둔다. 형제에서 혈육으로의 변화는 그들과 나와의 관계성은 삭제하고, 나와 같은 혈통이라는 생물학적 사실만을 남기고자 하는 무의식적 욕망을 드러낸다.

"아니… 하… 이게 뭐람… 나 뭐 하고 있는데… 갑자기 제 혈육이 노크도 없이…"
"아 짜증 나 혈육 맨날 이 시간대에 ㄹㅁ 끓여 먹어서 냄새 심해… 죽고 싶다"

혈육은 예의 없이 내 방문을 불쑥 열고 다이어트 중에 라면 냄새를 풍기는, 가족의 공간이지만 나의 공간이기도 한 집에 나의 동의 없이 들어온 불청객처럼 표현된다. 내가 선택한 관계가 아니라 나의 의지와 무관하게 주어진 관계이기에 불청객이다. 이를테면 주어진 관계에 대한 거리두기라 할 수 있겠다. 더 정확하게는, 가족이라는 관계도 스스로 선택하고자 하는 것이다. '혈육'은 이처럼 가족

간의 관계가 소원해졌음을 뜻하는 것이 아니라 가치관의 전복을 드러내는 표현으로 봐야 한다.

성(姓)을 바꾸는 것은 이를 단적으로 보여준다. 최근 걸그룹 AOA의 멤버 임찬미의 선택이 화제가 되었다. 자신의 이름을 아버지의 성을 따른 김찬미에서 어머니의 성을 따라 임찬미로 개명한 것이다. 그는 어느 TV 프로그램에서 개명에 대해 "일단 성이 본(本)이지 않나. 그렇게 생각해보니 내가 이렇게 구성된 건 엄마의 영향을 제일 많이 받았고, 앞으로도 나는 엄마랑 같이 살아갈 것이기 때문에 엄마의 성을 따라서 사는 게 더 맞다고 생각했다"고 밝힌 바 있다. 아버지의 성본을 물려받는 관습을 무조건 따르지 않고, 스스로 관습의 의미를 해석하고 자신의 주관에 따라 선택한 것이다.

기성세대에게는 이러한 사고방식이 낯설 수도 있다. 번거로운 절차를 거치면서 바꿀 만큼 성본이 그렇게 중요한지 의구심이 들 수 있겠다. 그러나 지금의 젊은 세대는 자신을 증거할 관계와 환경이 과거보다 축소되었다. 우선 가족 구성원이 줄었고, 지역공동체 문화는 옅어졌다. 그렇기에 오히려 축소된 관계와 환경에 대한 애착이 강하다. 관계를 적극적으로 선택하고, 자신의 공간을 공들여 가꾸고, 물려받은 성본까지도 다시 해석하고자 한다. 이것들이 자신의 토대를 보여준다고 생각하기 때문이다.

언니(누나), 형(오빠), 동생이 혈육으로 불린다면, 기존의 그 호칭들은 누구에게 쓰이고 있을까? 바로 좋아하는 아이돌, 유튜버, 인플루언서를 부를 때 쓰인다. '나'는 내 친언니, 친형보다 스크린 속의 그들, 아이돌과 유튜버, 내가 팔로우하는 인플루언서에게 더 끈끈한 심리적 동질감을 갖는다. 내가 인정하는, 내가 자발적으로 따르는, 내 마음속의 진정한 언니/오빠는 비대면 사회에 있는 셈이다. 비대면 사회 속에서 '나'는 댓글과 좋아요로 그들과 친교를 나누고 친언니/형의 아이템을 물려받듯이 스크린 속의 그들을 손민수[2]한다.

"나 조효진 언니[3] 짱좌 좋아함… 진좌 언니랑 친구하고 싶어… 언니 저 진자 착하고요…"
"형이 이렇게 알찬 뱅송만 계속하다가는 내가 평생 와군[4]의 노예로 살아가게 될 거야"

스크린 속 내가 선택(구독과 팔로우)한 언니와 형은 가족처럼 내 의지와 무관하게 주어진 존재도, 또 아무 생각 없이 다수가 선택한 유행을 따른 결과도 아니다. 내가 추구하는 스타일, 내 가치관을 대변하는 언니/형을 발견하고 스스로 그 관계를 선택한 것이다. 즉 주위 환경에 수동적으로 영향을 받는 것이 아니라, 영향 받을 주위 환경을 적극적으로 선택하는 것에 가깝다.

생각해보면 현실관계를 정의하는 용어들은 하나같이 어렵다.

---

2) 웹툰 〈치즈인더트랩〉의 주인공 홍설의 행동, 옷차림을 따라 하는 캐릭터의 이름에서 유래된 말로, 유명인을 따라서 소비하는 행위를 뜻함
3) 178만 유튜버(2022년 8월 기준) 조효진을 가리킴
4) 139만 유튜버(2022년 8월 기준) 우와군을 가리킴

영향을 받는 것이 아니라
영향을 선택하는 시대.
수용자는 더 이상 객체에 머무르지 않는다.

새로운 경제감각

'부모'라는 호칭은 있지만 '부모'는 무엇을 해야 하는 사람인가, 너는 나를 '형'이라 부르지만 '형'은 무엇을 해야 하는 사람인가. 호칭은 둘 사이의 관계를 밝힐 뿐 역할을 정의해주지 않는다. 너에게 기대하는 역할과 나에게 기대하는 역할이 다를 수밖에 없다. 서로에 대한 기대가 어긋날 때 우리는 불행해진다. 잘못한 게 없는데 왠지 잘못한 것 같고 죄책감이라는 불편한 감정이 생기기도 한다.

2촌 관계가 '혈육'이라 불리는 것이 이러한 기대와 부담을 털어내려는 시도는 아닐까. 부모가 '보호자'로 불리는 것처럼, 호칭이 아니라 물리적 사실이나 역할로 관계를 정의하려는 시도 말이다. (최근에는 학교에서도 부모-자녀 관계가 아닌 다양한 가족 형태를 고려해 부모를 보호자로 칭하는 경우가 많아졌다.) 혈육과 보호자는 형(오빠)/언니(누나)와 부모보다 나에게 적은 권한을 가진다. 형은 나에게 편의점 심부름을 시킬 수 있는 관계지만 혈육은 함부로 그럴 수 있는 관계가 아니다. 혈육이라는 단어는 그와 내가 혈통이 같다는 생물학적 사실만을 지시하므로.

이처럼 현실 관계를 새롭게 정의하는 용어가 등장하는 것은 자신에게 주어진 환경 말고 자신이 선택한 환경을 현실로 만들고자 하는 무의식의 발로라 할 수 있겠다. 으레 받아들이던 관습은 이제 의식적으로 따져 묻고 스스로 만들어가는 것이 되었다.

그러면 습관은 어떻게 변하고 있을까? 관습이 사회적 규범이라면 습관은 나의 무의식적 규범이다. 그리고 요 몇 년간 무의식적으

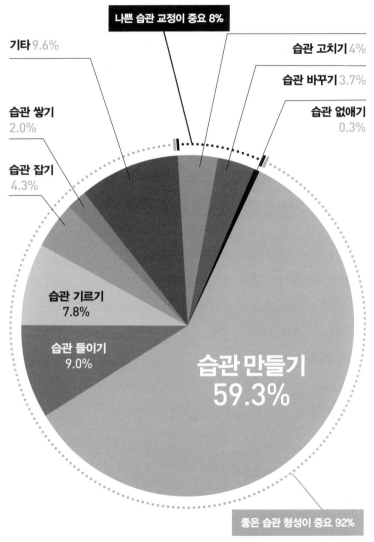

〈'습관○○기' 연관 키워드〉

나쁜 습관 교정이 중요 8%

기타 9.6%

습관 고치기 4%

습관 바꾸기 3.7%

습관 쌓기 2.0%

습관 없애기 0.3%

습관 잡기 4.3%

습관 기르기 7.8%

습관 들이기 9.0%

습관 만들기 59.3%

좋은 습관 형성이 중요 92%

출처 | 생활변화관측소, 블로그+커뮤니티, 2020.01.01~2022.08.31

로 반복하던 습관을 의식적으로 조형해가고자 하는 욕구가 늘어나고 있다. 습관을 어떻게 다루고자 하는지 습관 프로젝트의 표현들을 차트로 표현해보니, 나쁜 습관을 고치는 것보다 좋은 습관을 개발하는 것이 절대적으로 중요하다는 것을 알 수 있다.

습관 형성은 이 시대 개인들의 자기계발 프로젝트다. 습관 형성을 넘어 '습관 성형'이라는 표현도 쓰이는데, 이는 건강한 습관을 형성하고자 꾸준히 노력하는 것을 넘어 뚜렷한 목표의식을 갖고 습관을 들이기 위해 훈련하고, 그 결과가 외모를 성형하듯 내 삶에 드라마틱한 변화를 줄 것이라는 믿음을 담고 있다.

대표적인 습관 성형 활동인 미라클모닝을 생각해보자. 미라클모닝은 일과가 시작되기 전 이른 시간(대체로 새벽 6시 전)에 일어나서 운동, 독서, 자격증 공부 등 자기계발 활동을 수행하고 인증하는 행위로, 아침 일찍 일어나 자기계발을 한다는 점에서 2000년대 초반에 열풍을 일으켰던 '아침형 인간' 트렌드와 행위 자체는 유사한 점이 많다. 그러나 '아침형 인간' 트렌드는 모두 아침형 인간이 되어야 하는 것은 아니며 자신의 신체 리듬에 맞게 살면 된다고 정리된 것에 비해, 지금의 미라클모닝이 보여주는 확산세는 좀 다른 데가 있다.

첫 번째, 미라클모닝은 자기 자신에 대한 보상체계로 작동한다. 아침형 인간이 사회적으로 성공하려면 일찍 일어나야 한다는 성공법칙을 설파했다면 미라클모닝은 일찍 일어나는 활동에 따른 결과보다 아침 일찍 일어나기를 실천하는 과정에서 생겨나는 부산물을 중요시한다. 아침 일찍 일어나서 나를 위한 시간을 갖겠다고 스스로 약속하고, 그 약속을 지켜냄으로써 만족과 성취감이라는 심리적 보상을 얻는다. 미라클모닝이 가사라는 노동을 제대로 인정받지 못하는 기혼여성에게서 시작돼 20~30대의 트렌드로 확산되는 모습을 보라. 이들에게 미라클모닝은 높은 사회적 불안을 이겨내기 위해 자기 자신을 돌보는 행위가 아닐까.

두 번째는 인증을 통해 고립감을 해소한다는 점이다. 아침형 인간의 목표가 사회적 성공이었다면 미라클모닝의 목표는 자기 자신과의 약속을 지키는 것이다. 그러나 스스로를 위한 것이라 해도 의식적으로 일찍 일어나기란 어쨌든 힘들다. 이 고행을 지속하게 해주는 것이 바로 인증이다. 미라클모닝은 혼자 묵묵히 새벽 기상을 견디는 것이 아니라 아침에 일어난 자신을 SNS에 인증함으로써 함께 도전하는 사람들과 정서적 연대감을 느끼고 계속할 것을 독려한다. 인증 행위는 더 쉽게 미라클모닝 챌린지를 실천할 수 있게 하고, 고립되었다고 느끼던 사회적 불안을 해소해준다.

그러므로 미라클모닝은 단순한 자기계발 활동이 아니다. 미라클모닝은 높은 사회적 불안 속에 심리적 안정감과 연대감을 얻고자 하는 개인들의 분투라 할 수 있다. 학생들은 열품타[5]로, 다이어터들은 MRC챌린지[6], 기혼 여성들은 514 챌린지[7]를 실천하며 지금 이 순

---

5) 스터디 어플 '열정 품은 타이머'의 준말
6) 여성 헬스 유튜브 채널 '제이제이살롱드핏'에서 진행한 2주 운동습관 챌린지
7) 스타강사 김미경이 운영하는 유튜브 채널 'MKYU'에서 진행한 14일간 새벽 5시 기상 챌린지

관습이 사회의 질서를 대변한다면
습관은 개인의 질서를 대변한다.
관습을 믿는가, 습관을 믿는가.

간의 의미와 나의 만족감을 찾고자 한다. 여기에는 세대도 없고, 관계도 없다. 오로지 무수한 우리가 있을 뿐이다. 미라클모닝으로 대표되는 습관 성형 챌린지는 나를 위해 우리를 독려하는 나의 습관이자, 우리의 새로운 관습이다.

#쾌감 : (손해를 보았지만) 경험치를 획득했습니다

'돈이 나를 지배하지 않고, 내가 돈을 지배할 수 있는 방법은 무엇인가.' 앞서 지금 젊은 세대에게 중요한 질문이라고 언급했지만, 사실 경제적 자유와 파이어족이 많은 이들의 목표로 이야기되는 현실을 감안하면 특정 세대만의 관심사는 아니다. 자본주의 사회에서 개인은 경제활동의 주체인 동시에 소비활동의 주체다. 그런데 뚜렷이 구분되던 경제활동과 소비활동의 경계가 희미해지고 있다. 개인의 경험이 자산화되고 있기 때문이다.

바이브컴퍼니 생활변화관측소는 매주 소셜미디어에서 뜨는 브랜드를 관찰하고 분석하는 브린(Brand Rising Index&Norm)이라는 서비스를 제공한다. 식음, 뷰티, 패션, 유통 등의 영역에서 매주 다양한 브랜드가 오르내리는데, 2022년 상반기에 화제가 된 브랜드 활동 가운데 필자가 가장 흥미롭게 본 사례는 3월 5주에 10위권에 진입한 '페이코인×피자헛 이벤트'였다.

〈2022년 3월 5주 브린 스코어 순위〉

	브랜드명	이슈 키워드	주요 채널	스코어
1	파리크라상	SPC 브랜드	트위터	77.68
2	**피자헛**	**페이코인**	**커뮤니티**	**76.98**
3	반클리프아펠	제네바시계박람회	트위터	75.16
4	광동제약	견옥고	트위터	74.51
5	한화이글스	신규응원가	유튜브	72.89
6	한율	핸드크림	커뮤니티	72.87
7	엔제리너스	이정표	트위터	71.73
8	쌍용자동차	에디슨EV	유튜브	70.98
9	벤틀리	정호연	트위터	70.88
10	아로마티카	리츄얼	인스타그램	70.61

출처 | 생활변화관측소, 블로그+트위터+커뮤니티, 2022.03.28~2022.04.03

    페이코인은 국내 최초로 상용화된 결제 코인으로, 실제 제품과
서비스를 구매할 수 있는 가상화폐다. 여느 새로운 결제 솔루션이
그러하듯 신규 이용자를 확보하기 위해 파격적인 할인율을 제공하
는 이벤트를 벌였는데, 2022년 3월에는 피자헛에서 페이코인으로
결제 시 배달은 77%, 포장은 무려 88% 할인해주는 이벤트를 진행
한 바 있다. 할인율 자체가 높았던 터라 소셜미디어에 이벤트 참여
인증글이 무수히 올라왔다. 그런데 인증글을 하나하나 읽다 보니
흥미로운 지점이 있었다. 3만 9000원가량의 피자를 77%, 88%의

할인율을 적용받아 4000원 남짓에 먹은 게 아니라, 추가적으로 보험 광고를 보거나 보험 견적을 내보는 등 개인정보를 제공해가며 0원에 먹은 사람들이 많았다는 사실이다.

'역시 사람들은 공짜를 좋아하는군' 하고 넘길 수 있으나, 현상보다 해석이 중요하다. 페이코인 이벤트의 참여 양상은 기존의 상식에 반하는 데가 있다. 왜 참여자들은 시도 때도 없이 울려대는 스팸 전화를 받을 각오까지 해가며 보험사에 개인정보를 제공했을까? 4000원이 아까워서? 사람들이 보험사 전화를 더 이상 귀찮아하지 않아서? 그렇지는 않을 것이다. 그보다는 '0원에 피자를 사먹었다'는 희귀한 경험의 트로피를 얻을 수 있기 때문이라 해석하는 것이 자연스럽다. '페이코인-피자헛 공짜로 먹기 성공!', '피자헛 페이코인 0원 주문 성공기'처럼 이벤트 참여 경험을 마치 성공담인 양 소통하는 것만 봐도 알 수 있다.

사실 피자헛이라는 브랜드가 핫한 브랜드도 아니고, 피자헛 피자를 먹은 것이 SNS에 자랑할 만한 경험은 아닐 것이다. 그보다는 소비행위를 하나의 놀이로 접근하고, 도전해서 성공하는 과정을 즐기는 것이다. 실제로 이 이벤트에 참여해 0원으로 피자를 먹으려면 수많은 인증은 물론 추가 이벤트에 참여한 후 포인트가 적립되기까지 기다리고, 또 매장마다 사용할 수 있는 시간대가 달라 주문 타이밍까지 맞춰야 하는 등 난이도가 상당했다고 한다. 어느 이벤트 참여자는 한 커뮤니티에 '피자헛 페이코인 이벤트를 성공하며 필요했던 것들'이라며 이런 목록을 남기기도 했다.

〈피자헛 페이코인 이벤트를 성공하며 필요했던 것들〉

1. 남이 알려주는 이벤트를 시도해보려는 도전하는 자세

2. 본인인증 귀찮아하지 않는 성실한 태도

3. 페이코인 적립하는 과정의 어려움에 대해서 낙담하지 않는 긍정
자세

4. 페이코인 적립을 위해서 댓글을 찾아보는 배우려는 자세

5. 새로운 이벤트로 코인을 획득하는 융통성

6. 이래저래 소요되는 시간 투자

도전과 성실, 낙담하지 않는 긍정과 배우려는 자세, 여기에 융통
성까지⋯ 이벤트 참여에 너무 거창한 것 아닌가, 이렇게까지 해서
먹을 일인가 생각할 수도 있겠으나, 다시 말하지만 이건 하나의 게
임이자 놀이다. 깨기 어려운 퀘스트일수록 성공했을 때 쾌감은 더
크다. 오히려 난이도가 높았기에 참여자들끼리 퀘스트 공략 꿀팁
을 공유하는 등 지혜를 모았던 흔적도 있었다. (한 재테크 카페에서는
이벤트 참여 관련 질문 정리글도 있었다.) 오늘날 소비, 특히 온라인에서
이루어지는 소비는 점점 더 게임을 닮아가고 있다. 게임 속 퀘스트
를 완료함으로써 캐릭터의 스텟을 올릴 수 있듯이, 이벤트 참여자
는 자신의 소비 경험치를 획득하고 쾌감을 느낀다.

소비 경험치가 높아진다는 것은 어떤 의미일까? SNS 콘텐츠는
상당수가 소비 경험에 기반한다. 유튜브에서 '썰 푼다'로 검색해보
면 '명품 언박싱! 샤넬 새벽 오픈런 썰 푼다', '새로 생긴 부산 롯데

월드 1등으로 다녀온 썰 푼다', '지금까지 해본 시술썰' 등 희귀한 소비 경험을 콘텐츠로 만든 사례가 많다. 사람들은 샤넬 오픈런은 어떤 사람들이 하는지, 할 만한 경험인지, 새로 생긴 부산 롯데월드는 어떤 모습인지, 시술이 유행이라는데 나도 할 만한 게 있을지 궁금해서 영상을 클릭한다.

소셜미디어 시대에 희소한 경험은 설령 소비 경험이더라도, 심지어 좋지 않은 경험이더라도(호갱이 되어 경제적 손해가 났더라도) 영원불멸하게 나에게 남는 경험자산이며 경제적 가치로 환원될 수 있는 어떤 것이 되었다. 예를 들어 한 유튜버가 1박에 100만 원이 넘는 고급 호텔에서 호캉스를 즐기고 그 경험을 영상으로 만들어 올려서 얼마간의 경제적 이득을 얻었다면, 이 행위는 경제활동인가 소비활동인가. 과거의 소비문화 명제가 '세상은 나를 등쳐먹으려 하므로 호갱이 되지 않기 위해 정보를 확보하고 머리를 써야 한다'였다면, 지금은 '무엇이든 나의 고유한 경험이 되므로, 더욱이 사람들이 흥미로워할 만한 경험이라면 호갱이 되더라도 기꺼이 한다'로 바뀌었다. 만약 호갱 캐릭터의 유튜버가 있다면 그는 적어도 구독자에게 나처럼 하면 안 된다는 레슨을 줄 수 있고, 구독자는 호갱 유튜버가 영악한 체리피커가 되는 그날까지 팬덤을 자처할 수도 있는 것이다.

이처럼 새로운 소비문화에서는 당장의 돈보다는 나중에도 남는 경험, 그리고 경험 콘텐츠를 매개로 한 새로운 관계형성이 더 중요하다. 나만의 고유한 경험과 그 경험을 토대로 만들어진 관계라는 자산. 이것이 젊은 세대가 찾아낸, 돈이 나를 지배하지 않고 내가 돈을 지배할 수 있는 해법 아닐까?

#교감 : 새로운 관계 맺기의 원형, 팬덤

자본주의 사회에서 꽃피는 대중문화이자 소비문화의 하나인데 경제원리로 해석되지 않는 활동이 있다. 바로 아이돌 팬덤 문화다. 앞서 현실관계의 변화에서 이야기했듯, 오늘날 젊은 세대에게는 아이돌과의 관계야말로 내가 인정하는 현실관계다. 아이돌 팬덤 문화는 사회적 관계 맺기의 양상과 소비문화가 어떻게 변화할지 보여주는 방향키다.

"대학교 1학년 때는 무기력해서 힘들었어요. 입시가 끝나고 목표하던 대학교에 들어가면 뭔가 달라질 줄 알았는데 별로 다르지가 않더라고요. 코로나 때문에 학교 친구들을 자주 만나는 것도 쉽지 않았고… 알바만 했어요. 돈이라도 벌어야지 싶어서. 친구들이 너는 왜 이렇게 시간 맞추기가 힘드냐고 하면 '자낳괴'라서 그렇다고 눙치고… 그렇게 무기력한 대학 생활을 보내던 중 시험을 앞둔 어느 날이었어요. 잠깐만 쉬어야지 하고 들어간 유튜브 알고리즘에서 '삶의 이유'를 찾았어요. '투바투'라는 아이돌을 알게 되었거든요. 그들을 알게 되면서 제 삶이 뚜렷해지는 기분이 들었어요. 팬싸인회를 가려고 장학금을 탔고요, 아르바이트로 번 돈으로 그들의 소속사인 하이브 주식에도 투자했어요. 무기력했던 하루하루가 그들로 인해 목표가 생기고, 목표를 이루기 위해 열심히 살게 되더라고요. 투바투에게 너무 고마워요."

꿈에 그리던 대학교에 들어갔지만 목표가 사라지자 무기력증을 겪었던 한 대학생의 이야기다. 비단 대학생만 이런 것은 아닐 테다. 코로나 시기에 많은 이들이 사회적으로 고립되면서 우울증을 겪었다. 그리고 이때 삶의 이유와 목적을 찾기 위해 아이돌 입덕을 비롯해 새로운 분야에 입문하는 사람이 다방면에 걸쳐 늘었다고 한다.

지금의 아이돌 문화는 예전과는 결이 다르다. 예전에 아이돌은 말 그대로 우상 같은 존재였다. 현실에서 보기 어려운 특출난 외모와 춤과 노래로 나를 열광시키는 우상이었다. 신과 사람의 관계처럼 그들은 저 멀리 나와 다른 세계에 있었다. 그러나 요즘의 아이돌은 나의 세계와 분리되어 있지 않다. 무대에 서기 위해 몸이 부서져라 연습하고, 정상에 올라서도 철저하게 자기관리하는 모습을 보면서 꿈을 향한 열정과 노력에 감화받고 나도 저렇게 되고 싶다, 닮고 싶다는 동기부여를 얻는다. 무대 밖에서 드러나는 그들의 가치관과 삶의 태도에 더욱 주목하고, 그것을 닮기 위해 노력한다. 아이돌은 나를 변화시키는 몇 안 되는 존재이며, 내 삶을 더 나은 삶으로 이끌어주는 페이스메이커다.

아이돌의 위상이 달라지면서 팬덤이 아이돌 문화를 즐기는 방식에도 변화가 나타나고 있다. 최근 홍대를 비롯한 번화가를 지나다

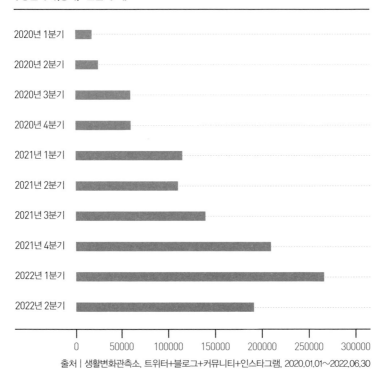

〈'생일카페(생카)' 언급 추이〉

2020년 1분기	
2020년 2분기	
2020년 3분기	
2020년 4분기	
2021년 1분기	
2021년 2분기	
2021년 3분기	
2021년 4분기	
2022년 1분기	
2022년 2분기	

출처 | 생활변화관측소, 트위터+블로그+커뮤니티+인스타그램, 2020.01.01~2022.06.30

보면 특별한 카페도 아닌데 줄이 길게 늘어서 있거나, 아이돌 얼굴이 프린트된 다양한 창작물 굿즈로 꾸며진 카페를 본 적 있을 것이다. 바로 생일카페, '생카' 투어의 현장이다.

생일카페는 대표적인 팬덤 문화의 하나로 빠르게 증가하고 있는데, 아이돌 멤버의 생일을 주제로 팬이 만든 일종의 축제다. 생일카페는 대략 다음의 순서로 준비된다.

1. 날짜 정하기 : 아이돌 멤버의 생일을 전후하여 생일카페 날짜를 정하고, 가능한 공간을 섭외한다.
2. 컨셉 정하기 : 생일카페 공간 연출을 위한 전반적인 컨셉을 정한다. 컨셉은 천사 컨셉에서부터 교복 컨셉, 홈파티 컨셉 등 다양하다. 차별적인 컨셉은 생일카페 흥행을 좌우하는 중요한 요소다.
3. 굿즈 준비하기 : 생일카페를 방문할 팬덤들을 위한 특전을 준비한다. 대개 아이돌이 프린트된 컵홀더, 포토카드 등으로, 굿즈 제작업체 컨택도 이때 이뤄진다.
4. 생일카페 홍보하기 : 생일카페 일정과 내용을 트위터에 알린다.
5. 생일카페 즐기기 : 행사 당일, 팬덤들이 생일카페에 방문한다. 경우에 따라 주최자가 아니어도 창작물을 만들어 생일카페에 조인하기도 한다. 팬덤들은 곳곳에서 열리는 다양한 컨셉의 생일카페를 투어('생카투어')하며 도장을 찍기도 한다.

"생카 컨셉 오조오억개여서 골라 다니는 재미도 있었는데 오롯이 내 취향의 생카 열면 어떨지 생각해봄… 완전 깜장 카페 컨택해서 감성 쩌는 사진만 갖다 붙이고 내가 젤 좋아하는 형원이 사진 키링이랑 폰 케이스 만들고 싶다… ㅎ… 잼겠다…"

생일카페는 직접 카페를 컨택하고, 메뉴를 고르고, 카페 컨셉에 맞게 포스터와 액자, 현수막 등을 제작해서 꾸미고, 팬덤을 위한 특전 굿즈를 직접 준비하는 등 노력과 비용이 여간 많이 투여되는 일이 아니다. 그럼에도 팬덤들은 생일카페 방문자에 머물지 않고 기회가 된다면 자신의 취향을 오롯이 반영한 생일카페를 열고자 한다. 생일카페를 자신의 스타일로 여기는 것이 최애 아이돌을 적극적으로 해석하고 작품으로 표현하는 방식이기 때문이다.

> "사랑해서 생카 준비 시작했는데 준비하다보니 더 사랑에 빠지는 건 왜야 점점 더 깊어만 간다"
> "하… 나 짱민이 생일 벌써 기대돼 비록 졸작이 그 다음주 시작이지만. 하루 정도는… 다들 만나서 더보이스 얘기만 518305시간 하면서 생카투어 돌고 싶음… 다들 나 만나조"

내가 순수하게 멤버의 생일을 축하해주고 싶어서 생일카페를 시작하고, 준비하는 과정에서 자신의 사랑을 더욱 느끼게 된다. 또한 일반인들과는 교감하기 어려웠지만 생일카페에서라면 방언 터진 것처럼 내 아이돌에 대해 지칠 때까지 이야기할 수 있다. 생일카페 투어를 하며 팬덤들이 자체 제작한 작품(굿즈)을 구경하는 것도 어마어마한 즐거움이다. 생일카페를 준비하면서 느끼는 낯선 나, 그리고 생일카페를 매개로 생겨난 새로운 관계가 나를 행복하게 만든다.

문화적 교감 속에 경계가 사라진다

생일카페 현상에서 놓치지 말아야 할 또 한 가지 포인트는 생일자 아이돌의 방문을 전제로 하지 않는다는 사실이다. (물론 팬서비스 차원에서 해당 멤버가 깜짝 방문하는 경우는 종종 있다.) 과거에는 소속사와 상의하에 연예인의 스케줄에 맞춰 팬클럽이 단체로 공간을 대여해서 생일파티를 진행했다. 연예인이 참석하지 않는 연예인의 생일파티는 의미가 없었다. 하지만 지금은 주인공의 참석이 중요하지 않다. 생일자 아이돌은 하나의 문화적 상징으로 향유되기 때문이다.

팬덤 문화에는 이처럼 주체들의 뒤섞임이 있다. 누가 이 문화의 화자이고, 누가 청자인가? 누가 발화했고, 누가 수용했는가? 아이돌 멤버인가, 생일카페 주최자인가, 생일카페에 방문하는 팬덤들인가? 구분이 불가능하다. 밀물과 썰물이 교차하듯이 팬덤 문화 속에 화자와 청자, 발화자와 수용자가 뒤섞인다.

생각해보면 본디 문화란 위도 아래도, 내부와 외부도 없는 것이다. 오로지 향유하는 사람들의 상호작용과 시간의 축적이 문화를 만들어낼 뿐이다. 이들의 경제감각 또한 다르지 않다. 아이돌과 팬덤의 주인공 자리가 뒤섞이는 것처럼, 경제주체와 소비주체의 경계도 흐릿해지고 있다. 생일카페 현상은 앞으로 사회적 관계 형성과 소비문화에 이러한 팬덤 콘텐츠를 이해하고 교감하는 능력이 중요해질 것임을 보여준다.

〈전체 관심사 vs '행복하다' 연관 관심사 순위〉

전체 관심사			'행복하다' 연관 관심사		
순위	연관어	비중	순위	연관어	비중
1	일기	10.3%	1	일기	19.9%
2	음식	7.4%	2	여행	10.6%
3	여행	5.8%	3	데이트	4.9%
4	운동	5.0%	4	음식	4.3%
5	블로그	4.9%	5	노래	4.2%
6	건강	4.8%	6	블로그	4.2%
7	동영상	4.5%	7	건강	4.0%
8	공부	3.8%	8	산책	3.1%
9	수업	3.8%	9	운동	3.0%
10	산책	3.6%	10	강아지	3.0%
11	인테리어	3.5%	11	일상블로그	2.9%
12	노래	3.3%	12	수업	2.7%
13	집안일	2.8%	13	육아	2.7%
14	데이트	2.8%	14	공부	2.6%
15	영화	2.7%	15	고양이	2.5%
16	인스타그램	2.7%	16	영화	2.5%
17	다이어트	2.5%	17	다이어트	2.3%
18	쇼핑	2.5%	18	독서	2.2%
19	강아지	2.5%	19	동영상	2.1%
20	디저트	2.4%	20	디저트	2.0%
21	고양이	2.3%	21	집안일	1.9%
22	유튜브	2.2%	22	음악	1.8%
23	육아	2.1%	23	드라마	1.7%
24	게임	2.1%	24	나들이	1.6%
25	드라마	1.9%	25	쇼핑	1.5%
26	카톡	1.8%	26	인스타그램	1.2%
27	음악	1.5%	27	맛있는 음식	1.2%
28	청소	1.5%	28	캠핑	1.1%
29	택배	1.5%	29	교육	1.1%
30	교육	1.5%	30	덕질	1.1%

출처 | 생활변화관측소, 블로그+커뮤니티, 2020.01.01~2022.08.31

팬덤에 열중하는 현상을 논하면서 '행복'을 빼놓고 설명할 수 없을 것이다. '덕질'은 힘겹게 반복되는 일상을 환기시키며 삶을 좀 더 건강하게 만드는 윤활유 역할을 한다. 그렇다면 우리 시대의 행복은 무엇일까? 소셜미디어에 언급되는 행복감을 주는 것들을 분석해보았다.

소셜미디어에서 행복은 '운동'으로 몸을 만들어 찍은 바디프로필도, 셀프 '인테리어'로 완성한 집스타그램도, 세일기간에 살뜰하게 쿠폰 먹여 득템 성공한 '쇼핑'도 아니다. 소셜미디어에서 행복은 나에게 어떤 느낌을 남기는 '음악(노래)'이며, '책(독서)'이며, '드라마'고, 인간의 언어가 통하지 않지만 나와 어떤 감정을 나누어 가지는 '강아지'와 '고양이'다. 다시 말해 행복은 교감할 수 있는 콘텐츠에서 오고, 교감할 수 있는 대상에서 온다. 그것은 나의 세계를 확장시키며, 예전과는 다른 나를 만드는 어떤 것이다. 다시 팬덤으로 돌아가면, 캐럿[8]은 서로의 출신과 소득과 사회적 입지 같은 걸 몰라도 세븐틴의 노래를 좋아하는 마음 하나로 소통할 수 있다. 세븐틴의 공연을 보면서 캐럿봉을 힘차게 흔들며 떼창을 할 때, '나'는 이전에는 느껴보지 못한 '하나'가 되었음을 느낀다. 팬덤 문화는 이 시대의 새로운 소통법을 보여준다.

"세상에는 크리스 브라운이랑 저스틴 비버랑 부른 노래가 존재함…

---

8) 13인조 보이 그룹 세븐틴의 팬덤

이거 걍 나의 행복을 위한 노래 아닌가??????"

"오랜만에 집에서 혼자 뼈해장국 쿠팡잇츠로 배달시켜 먹으면서 웨이브에서 옛날 드라마 보는데 진짜 꿀맛입니다. 혼자 먹어서 더 꿀맛인 듯… 그냥 이 소소하지만 소중한 행복을 나누고 싶어서 올려요."

"고양이는 행복을 세는 단위랬어 언니는 4 고양이만큼 행복하구나!"

문화로 교감하는 팬덤은 기존의 관계를 대체하기도 하지만, 현실 관계를 돈독히 하는 데에도 도움을 준다. 앞에 소개한 '혈육'의 감성 연관어 1위는 흥미롭게도 '최애(아이돌)'이다. 최애 아이돌에 관해서라면 매일 보는 혈육에게도 몇 시간이고 이야기할 수 있다. 마찬가지로 사장님과 직원은 서로에게 공감하기가 쉽지 않지만, 일과를 마친 후 자연인으로서 즐기는 음악과 스포츠와 주말에 본 넷플릭스 영화로는 교감할 수 있다.

문화는 세대를 잇는 소통의 언어다. 서로 다른 우리가 만나는 교차점이다. 지브리 애니메이션을 좋아한다는 것만으로, 웹소설을 좋아한다는 것만으로, 공통된 문화적 취향을 갖고 있다는 것만으로도 우리는 처음 보는 이에게 친밀감을 느낄 수 있다. 좋아하는 것이 많다는 것은 세상과 교감할 수 있는 촉수가 많다는 것이다.

어딘가에 열광하는 사람들, 무언가에 몰입해 있는 사람들은 행복하다. 행복은 목표를 이룸으로써 얻어지는 성취의 결과물이 아니라 좋아하는 것을 추구하는 과정, 자기 자신을 잊어버림으로써 역설적으로 자기 자신이 되는 그 과정에서 얻어지는 부산물이기

행복은 교감할 수 있는 콘텐츠,
교감할 수 있는 대상에서 온다.
그것은 나의 세계를 확장시키며
예전과는 다른 나를 만든다.

때문이다.

　지난 시간 동안 필자도 이유를 찾아왔다. 왜 너는 나와 가치관이 다를까? 다른 것을 같게끔 바꿀 수는 없으니, 이유를 찾아 다름에서 오는 뒤척임을 종결하고 싶었다. 어쩌면 세대론도 이러한 뒤척임에서 시작되었을 것이다. 그리고 지금, 문화로 교감하고 소통하는 팬덤 문화는 이러한 뒤척임이 왜 필요한가 되묻고 있다. 당신이 누구인지는 중요하지 않다. 다만 우리가 서로 만날 수 있는 문화적 접점만 있다면 우리는 앞으로도 오래도록 이야기를 나누며 행복할 것이다.

1. 당신이 제공하는 서비스는 소비자에게 고유한 경험자산이 될 수 있는가?

풍요의 시대, 자본주의 소비문화의 절정에서 소비자를 움직이게 하는 것은 가격도, 품질도, 유행도 아닌 희소한 경험이다. 디지털로 할 수 없는 것이 거의 없는 이 시대에 의도적으로 희소해지는 방식, 접근성을 낮추는 것도 전략이다. 우리 서비스를 즐기기 위한 시공간을 제약하고 소비자가 자발적으로 찾아오게 하자.

2. 당신이 제공하는 서비스는 소비자를 변화시키는가?

소비자가 당신의 팬이 되기를 바란다면 현재에 대한 이해와 공감만으로는 부족하다. 소비자가 당신이 제공하는 서비스를 통해 새로운 세계와 연결됨을 느끼고, 예전과 달라진 자신을 체감할 수 있어야 한다. 또 하나, 진실한 소통은 상호적이다. 당신도 그들로 인해 변화해야 함을 잊지 말자.

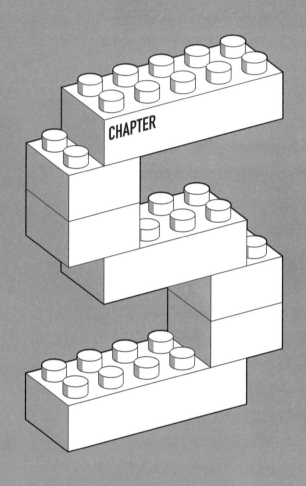

CHAPTER

환금성換金性의 시대, 자산이 되는 아카이브

신예은

아카이빙, '나'의 역사를 풀어내는 새로운 방법

우리는 일상 기록 시대에 살고 있다. 기록은 지금 세대의 호흡과도 같다.《2022 트렌드 노트》에서 우리는 일상 기록의 증대와 그 속에서 느끼는 연대감에 대해 이야기했다. 코로나로 사회적 교류가 어려워지면서 사람들은 관심의 방향을 타인에서 자신에게로 돌렸다. '나'에 대한 관심이 커진 만큼 '나'에 대해 할 말 또한 많아지지 않겠는가? 특히 네이버 블로그 챌린지를 기점으로 자연스레 일상 기록에 대한 니즈가 커졌다. 시작은 자생적이지 않았지만, 이후 기록의 가치에 대해 많은 이들이 공감하면서 하나의 대중적 습관으로 자리잡았다.

일상의 소소한 기록은 블로그와 같은 텍스트 기반 매체에서만 성행한 것이 아니다. 코로나를 기점으로 인스타그램 스토리의 언급량 또한 크게 증가했다. 일반 인스타그램 피드가 휴무, 데이트 등 특별한 순간에 찍은 가장 완벽한 인생샷을 박제하는 것이라면, 인스타

인스타그램 스토리로 일상의 순간을 한시적으로 공유할 수 있다. (출처 : 인스타그램 @xxxhyuna)

그램 스토리는 일상, 학교, 운동 등 가벼운 일상을 있는 그대로 올리고 24시간 후에 사라지게 만든다. 박제되지 않고 휘발되는 만큼 타인보다는 나와 더 가깝다. 일반 인스타그램 피드가 연출된 하나의 완벽한 사진이라면, 인스타그램 스토리는 꾸미지 않은 내 일상의 순간을 그대로 공유할 수 있는 일기다. 24시간 후에는 타인에게 휘발되고 나에게만 저장되는, 나만의 일기로 남는다.

특히 인스타그램 스토리의 태깅 기능은 개인의 아카이브 형성에 크게 기여하고 있다. 태깅은 내가 임의로 기록한 대상이나 위치가 아니라 상대의 계정명이나 지도상 위치를 지정한다. 최근 젊은 층은 지도 앱보다 SNS의 지도 기능을 선호하는 경향이 있는 것으로 나타났다. 인스타그램 어플에서 위치를 검색하면 다른 사용자들이 해당 위치 및 주변에서 태깅한 게시물들도 지도에 뜨는데, 이를 이용하는 것이다. 위치 태깅 기능을 사용해 동일한 장소에 대한 사람들의 시야를 빌림으로써 나와는 또 다른 모먼트를 감상할 수 있다.

〈'인스타그램' vs. '인스타그램 스토리' 라이프 연관어 순위〉

	인스타그램		인스타그램 스토리
1	카페	1	카페
2	맛집	2	맛집
3	커피	3	커피
4	디저트	4	디저트
5	인테리어	5	**일상**
6	**휴무**	6	**영상**
7	**데이트**	7	선물
8	선물	8	인테리어
9	일상	9	여행
10	여행	10	**셀카**
11	영상	11	데이트
12	셀카	12	휴무
13	다이어트	13	**운동**
14	운동	14	**학교**
15	**크리스마스**	15	**공부**
16	공부	16	다이어트
17	학교	17	**수업**
18	**인생샷**	18	**출근**
19	수업	19	크리스마스
20	**호텔**	20	**게임**

출처 | 생활변화관측소, 트위터+블로그+커뮤니티, 2019.01.01~2022.08.31

한마디로 더 손쉽게 인스타그래머블
한 곳을 찾을 수 있다는 것이다.

이는 인스타그램 스토리로 나의
아카이브 축적은 물론 누군가에게
정보전달까지 가능하다는 것을 의미
한다. 사용자들의 선호는 단순 정보
탐색이라는 일차원적 기능을 넘어
자신의 일상을 아카이빙하고 공유할
수 있는 플랫폼 쪽으로 가고 있다.

인스타그램 스토리의 위치 태깅 기능

아카이브, 기록에 스토리를 더하다

이제 일상 기록은 대중화를 넘어 아카이브화라는 새로운 양상을
띤다. 소셜데이터를 보면 기록 중에서도 '소비기록'이나 '독서기
록'처럼 특정 분야에서 나의 생각과 가치관을 보여줄 수 있는 기록
의 순위가 상승하고 있다. 이는 자신을 알기 위해 일상 기록을 시작
하던 사람들이 이제 자신의 정체성을 구체화하고자 노력하기 시작
했다는 의미다. 나를 설명하는 다양한 속성을 카테고리별로 나누고
'정체성'이라는 아카이브를 축적하고 있는 것이다.

기록과 아카이브의 차이는 '나'를 위한 것인지 '타자'를 위한 것
인지다. 아카이브는 남들에게 들려주는 나의 이야기다. 남에게 들
려주는 이야기에는 선별 기준이 필요하다. 남에게 보여주고 싶은
나의 정체성이 바로 그 기준이다. 아카이빙은 내 기록에 라벨을 붙

〈'○○기록' 순위〉

	2019년		2020년		2021년		2022년(~8월)
1	일상기록	1	일상기록	1	일상기록	1	일상기록
2	운동기록	2	운동기록	2	운동기록	2	운동기록
3	식단기록	3	식단기록	3	식단기록	3	식단기록
4	여행기록	4	청춘기록	4	오늘기록	4	독서기록
5	오늘기록	5	오늘기록	5	방문기록	5	소비기록
6	육아기록	6	방문기록	6	육아기록	6	오늘기록
7	다이어트기록	7	다이어트기록	7	독서기록	7	여행기록
8	성장기록	8	성장기록	8	성장기록	8	하루기록
9	삶기록	9	육아기록	9	다이어트기록	9	다이어트기록
10	진료기록	10	여행기록	10	소비기록	10	육아기록
11	독서기록	11	독서기록	11	여행기록	11	성장기록
12	사진기록	12	식사운동기록	12	하루기록	12	임신기록
13	공부기록	13	하루기록	13	공부기록	13	방문기록
14	임신기록	14	소비기록	14	임신기록	14	주간기록
15	식사운동기록	15	진료기록	15	루틴기록	15	공부기록
16	하루기록	16	사진기록	16	사진기록	16	사진기록
17	식사기록	17	식사기록	17	매일기록	17	맛집기록
18	동의보감기록	18	임신기록	18	식사기록	18	매일기록
19	매일기록	19	공부기록	19	베이킹기록	19	루틴기록
20	소비기록	20	루틴기록	20	이유식기록	20	일주일기록

출처 | 생활변화관측소, 트위터+블로그+커뮤니티, 2019.01.01~2022.08.31

임으로써 의미를 부여하는 작업이다.

아카이빙에는 주로 블로그가 애용되지만, 인스타그램 스토리 또한 휘발된 기록을 카테고리화함으로써 아카이빙할 수 있다. 스토리들을 엮어서 만드는 하이라이트 기능 덕분이다. 말 그대로 일상 속나의 기록들을 내 기준에 따라 아카이빙하여 피드의 형태로 게시할 수 있다. 하이라이트 기능을 통해 사람들은 자신의 취향을 드러내고, 영감을 주는 게시글을 모아두기도 한다. 나만이 아니라 남들에게도 보여지는 폴더이자 내 정체성의 축약체인 것이다.

이처럼 일상의 사소한 기록에서 의미를 발견하던 사람들이 그 의미를 나누고 분류하기 시작했다. 그리고 각각의 속성별로 나의 진화 과정을 축적한다. 플랫폼이라는 디지털 인프라에서 보여지는 것은 한순간일지라도, 담겨 있는 것은 영원하다. 중요한 것은 어떤 방식으로 자신을 보여줄 것인가다.

최근에는 내가 직접 하지 않고도 내 기록의 스토리를 더해주는 서비스들이 생겨났다. 필자의 경우 예전부터 봤던 모든 책, 영화 등문화 콘텐츠에 대한 감상 기록을 공책에 남겨왔다. 그러다 최근에는 왓챠피디아를 애용하고 있다. 내 기록에 자동으로 스토리를 더

인스타그램 스토리를 하이라이트로 엮을 수 있다. (출처 : 인스타그램 @meurso)

해줘 아카이브를 만들어주기 때문이다. 내가 지금까지 어떤 작품을 봤는지 단순히 기록하는 수준을 넘어 내가 선호하는 장르, 나의 작품 평가를 기반으로 내가 어떤 사람인지 스토리를 만들어준다. 필자의 경우, 평가 주관이 뚜렷한 '소나무파'이고 쿨하면서 감수성이 풍부한 멋진 사람이라는 스토리가 생겼다. 여기서 그치지 않고 친구와 나의 취향이 얼마나 일치하는지, 지인 및 다른 사람들은 내가 본 작품을 어떻게 감상했는지 공유도 가능하다. 그래서 최근 필자는 내가 어떤 문화를 향유하고, 어떤 생각을 하는 사람인지 보여주고 싶을 때 왓챠피디아 아이디를 건네곤 한다. 여기서도 기록과 아카이브의 차이가 드러난다. 어떤 스토리를 담고 있는가, 그 이야기를 타인과 공유할 수 있는가.

자신을 쌓는 아카이빙, 자산이 되는 아카이브

자신을 쌓는 아카이빙

퍼스널 브랜딩이 각광받는 시대다. 이구동성으로 '퍼스널 브랜딩을 해야 한다', '퍼스널 브랜딩은 이제 필수다'라고 말한다. 외부적 요구가 이렇게 큰 탓에 '브랜딩'이라는 키워드 자체가 '인위적으로 어떠한 이미지를 만들어내는 것'이라는 인상을 주기도 한다.

자기 PR 시대에 조금이라도 돋보이기 위한 새로운 스펙과 노력으로 인지될 수 있지만, 생각해보면 이미 우리는 자기 브랜딩을 해

<〈'퍼스널 브랜딩' 연관어〉

출처 | 생활변화관측소, 트위터+블로그+커뮤니티, 2019.01.01~2022.08.31

오고 있던 건지도 모른다. 누구나 가치관이 있고, 자신만의 이야기가 있으며, 기록은 결국 나의 자산이 된다고들 말한다. '나'에 대한 기록이 나의 정체성을 확립하고 관찰하는 가장 좋은 방법임을 우리 모두 안다. 기록의 중요성을 인지한 사람들은 일상에서 자신의 다양한 정체성을 아카이빙하며 스스로를 브랜딩하고 있다. 기록을 분류해서 저장함으로써 나의 정체성 및 캐릭터를 정리하는 것이다. 다양한 경험을 통해 형성된 나의 가치관과 나만의 이야기를 다양한 플랫폼에 드러낸다.

디지털 환경은 아카이브화를 한결 쉽게 해준다. 우리는 다양한 디지털 채널에 맞는 방식으로 다양하게 아카이빙한다. 텍스트 기록만이 아니라 이미지나 영상 등 다양한 미디어 가운데 자신에게 적합한 방식으로 아카이브를 쌓을 수 있다. 예시로 취준생 유튜버 '새니'는 어려운 시기를 극복하는 과정을 잊지 않기 위해 취준 브이로그를 찍어왔고, 마침내 꿈꿔온 기자가 되었다. 그가 처음 브리핑한 뉴스 클립은 큰 이슈성이 없었음에도 60만이 넘는 조회수를 기록했다. 댓글을 살펴보면 오랜 노력 끝에 결국 꿈을 이뤄낸 그에게 보내는 칭찬과 응원이 가득하다. 이렇게 오랜 성취 과정을 기록하고 그것을 타인과 공유할 때 더 큰 성취감을 느끼고, 타인에게 긍정적인 영향을 전파하는 가치가 생긴다.

"취준생 아니지만 취업하기 전 울고 웃던 과정, 그리고 첫 출근 과정까지 봐서 그런지 뭉클하네요"

"썸네일 보자마자 소름 쫙 돋았어요… 알고리즘에 왠지 익숙한 얼굴이 떠서 봤는데… 저랑 같은 나이인데 훨씬 어른스럽고 멋있습니다. 취준 기간 영상 보면서 공감되는 부분도 많아서 같이 웃고 울었는데 이렇게 꿈을 이룬 모습을 보니까 되게 울컥하네요. 그동안 너무 고생 많으셨어요. 앞으로의 미래도 응원하겠습니다."

이 경우는 아카이브가 내 정체성을 쌓은 과정의 결과물이자 그 자체로 퍼스널 브랜딩의 도구가 된 셈이다. 퍼스널 브랜딩의 핵심은 나의 가치관과 성장 노력, 나만의 이야기가 나를 드러내는 수단으로 쓰인다는 사실이다. 그리고 이를 가장 잘 드러내는 것이 나의 가치관과 노력의 과정, 이야기가 담긴 아카이브다.

자산을 쌓는 아카이브

'띠부띠부씰' 하면 사람들은 무엇을 떠올릴까? 포켓몬? 학창시절 케로로빵? 아득해진 국찌니빵? 세대를 한 바퀴 돌아 다시 포켓몬빵?

2022년 모두가 체감했듯이, 띠부띠부씰은 그저 아이들의 전유물 정도가 아니었다. 심지어 과거 띠부띠부씰을 정성스레 모아둔 모음집이 80만 원 넘는 가격에 거래되고, 희귀템인 뮤씰의 시세는 조그마한 스티커 한 장에 5만 원이 훌쩍 넘었다. 포켓몬빵의 부활과 함께 일어난 품절대란과 편의점 오픈런, 폭발적으로 증가한 띠부띠부씰 중고거래량 등, 단순히 많이 팔린 수준을 넘어 소비자들끼리

〈2019~21년 vs. 2022년 '띠부띠부씰' 연관어〉

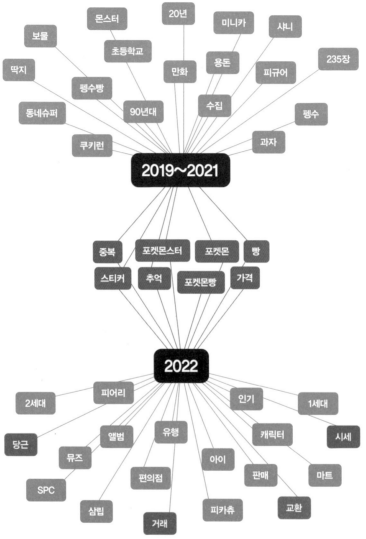

출처 | 생활변화관측소, 커뮤니티, 2019.01.01~2022.08.31

의 새로운 문화까지 형성되고 있다. 포켓몬 초코롤빵을 자주 사먹던 학창시절, 항상 빵만 먹고 띠부띠부씰은 빵 봉지 속 방습제 정도로 여겼던 과거의 필자가 통탄스러울 뿐이다. 당시에 필자를 포함한 대다수의 사람들은 개인의 소소한 취미가 '돈'이 될 수 있다고 생각하지 못했다.

여기에 포인트가 있다. 이번 포켓몬빵 대란을 단순히 돌아온 유행이라고만 볼 수 있을까? 데이터를 보면 2019~21년의 띠부띠부씰 연관어와 포켓몬빵 대란 이후인 2022년의 연관어에 상당히 차이가 있다는 것을 알 수 있다. 예나 지금이나 띠부띠부씰은 '추억'이지만, 유독 2022년에는 '돈'을 이야기한다는 점이 흥미롭다. '시세', '교환', '거래' 등 자산과 관련된 키워드들이 특징적으로 나타난다. 현재의 띠부띠부씰은 단순히 과거 추억팔이용 소재가 아니라 어엿한 자산 및 화폐로 인식되고 있음을 의미한다.

이 기회를 놓치지 않고 SPC그룹의 배스킨라빈스는 한남동에 팝업 매장을 열고 아이스크림과 음료에 포켓몬 캐릭터를 접목한 제품군과 각종 굿즈를 출시해 포켓몬 팬들의 소장 욕구를 자극했다. 매장 앞에는 포켓몬을 좋아하는 어린이들뿐 아니라 과거 추억을 찾는 어른들까지 인산인해를 이뤘다. 어른들이 모인 동기는 단순히 포켓몬이 좋아서, 빵을 먹고 싶어서가 아니었다. 그들은 추억을 사러 온 것이다. 그들에게 포켓몬빵 대란은 사뭇 다른 의미로 다가왔을 것이다. 지금의 어린 세대와 공통된 소재로 추억을 향유할 수 있다는 사실에 기쁨과 신선함을 느꼈을 것이다. 이런 긍정적 감정을

아카이빙 행위는
추억이자 자산으로 남을 수 있다.

느낄 수 있는 이유는, 어린 시절 띠부띠부씰을 모으던 행위가 어른이 된 지금에도 가치를 인정받았기 때문이다. 어린 시절의 아카이빙 행위가 의미 없던 것이 아니라, 추억이자 자산으로 남을 수 있음을 알게 된 것이다.

"내가 초딩 때 포켓몬빵 띠부띠부씰에 친구들과 미쳐 있었는데 30이 넘은 지금 내 아들도 포켓몬을 보고 내 조카도 포켓몬을 보고 띠부띠부씰을 모으고 있다. 20년 세월이 지나도 같은 만화를 보다니 기분이 뭔가 아이러니하네. 아 물론 오늘 조카 주려고 편의점 6군데 들러서 못 구한 건 안 비밀"

띠부띠부씰 대란이 일기 전, 새로운 자산가치로 단번에 주목받은 NFT 또한 아카이브의 자산화를 잘 보여준다. 가장 특징적인 요소는 탈권위적 생산성과, 아카이브를 구매함으로써 얻는 네트워크가 있다는 점이다.

우선 NFT에 대한 간략한 설명을 덧붙이고자 한다. NFT는 'non-fungible token'의 약자로, 말 그대로 대체불가능토큰이다. 토큰들은 각각 중복되지 않는 암호화된 정보로 고유성을 지닌다. 기존의 자산과 다르게 은행이나 관공서 등 공인된 기관에서 내 소유를 인정해주는 방식이 아니라, 암호화된 거래내역을 블록체인 기술을 통해 남김으로써 소유권을 보장받는다.

재미있는 점은 이런 기술이 나오면서 자산의 개념과 범위도 바뀌

〈'NFT' 언급 추이〉

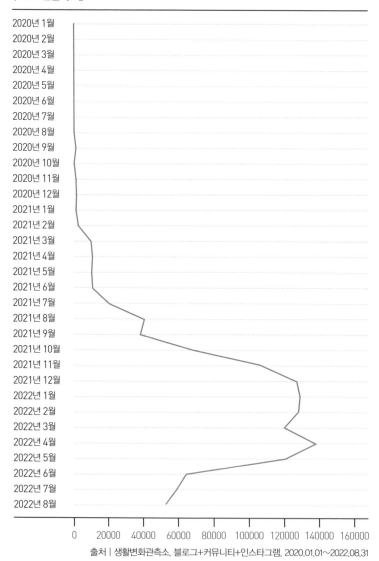

출처 | 생활변화관측소, 블로그+커뮤니티+인스타그램, 2020.01.01~2022.08.31

었다는 것이다. 소유권 인정 방식이 변화되면서 자산의 범위가 확장되었다. 어떠한 유형이라도 디지털 파일이면 NFT로 발행 가능하다. 심지어 트위터 창업자의 첫 트윗 NFT는 한때 몇십억을 호가하기도 했다. 유튜브 초창기 시절 업로드된 'Charlie bit my finger – again!'이라는 55초짜리 유튜브 동영상의 NFT는 76만 달러에 팔렸다. 이들의 공통점은 대단한 예술적 가치가 있지도, 대단한 사람이 만들어내지도 않았다는 것이다. 트위터 창업자의 첫 트윗을 보라. 지금이야 유명인이지만, 당시에는 많고 많은 스타트업 창업자에 불과했다. 유튜브 영상 또한 집에서 대충 찍은 흔한 아기 영상이다. NFT를 통해 개인의 소소한 디지털 기록물도 자산가치를 지닐수 있게 되었다는 점은 NFT의 탈권위적 속성을 보여준다.

NFT의 탈권위적 생산성은 누구나 언제든 어디서든 발행 가능하다는 점에 기인한다. 내가 대단한 예술가가 아니더라도, 권위 있는 집단이나 다수에게 인정받지 않았더라도, 나의 모든 디지털 기록을 디지털 화폐로 발행할 수 있다. 지루한 원숭이들의 요트 클럽 BAYC는 원숭이 아바타가 그려진 NFT 컬렉션이다. 이 NFT를 구매

just setting up my twttr

오전 5:50 · 2006년 3월 22일 · Twitter Web Client

트위터 창업자 잭 도시의 첫 트윗과
유튜브의 초창기 동영상

하면 단순히 그림 소유권뿐 아니라 시크릿 원숭이 전용 클럽의 평생 멤버십도 갖게 된다. 이는 NFT가 화폐 가치뿐 아니라 네트워크 형성이라는 또 다른 가치를 지니고 있음을 의미한다.

어떤 디지털 기록이든 NFT로 발행 가능하다는 점은 기업이나 조직뿐 아니라 개인의 아카이브를 쉽게 자산화하는 데에도 큰 역할을 한다. 기존에 개인이 아카이브를 자산화하기 위해서는 가치를 입증해줄 권위자의 인증이 필요했다. 가령 나의 기록물을 모아 책을 내려면 출판사의 인정을 받아야 했고, 내 그림을 팔기 위해 갤러리의 인정을 받아야 하는 등 자산화 과정에서 중간 유통자의 권위가 필요했다. 하지만 지금은 권위자나 기관의 인정 없이 디지털 기록물이라면 뭐든 시장에 내놓을 수 있다. 한국 NFT 아티스트 'ARThief'는 15세 때 자신의 예술작품 아카이브를 만들고 작품을 판매했다. 그 과정에 어떠한 기관이나 권위자의 인증도 개입하지 않았다.

이는 소비에 소규모 팬덤 사회가 형성되고 있음을 보여준다. 다수의 선호가 있어야 경제적 가치가 발생하는 것이 아니다. 사람들의 취향과 경험이 더 다양하고 섬세해지면서 모두가 다양한 소규모 팬덤에 소속되고, 창출할 수 있게 되었다.

점점 다양해지는 뉴스레터와 이의 유료화도 같은 맥락에서 살펴볼 수 있다. 언론사라는 거대 기관에 의해 생산되던 정형화된 뉴스는 지고, 개인의 색다른 관점으로 재해석된 뉴스레터가 뜨고 있다. 뉴스레터의 관점이 마음에 들면 사람들은 기꺼이 돈을 내고 구독을 이어간다. 말하자면 뉴스레터 제작자의 관점과 생각에 공감해 팬이 되는 것인데, 여기에는 거대한 팬덤이 필요하지 않다. 이런 이유로 최근 뉴스레터는 사이드잡이나 창업 수단으로도 각광받고 있다.

이제는 권위자의 인증이나 다수의 선호가 없어도 개인의 가치를 생산하고 시장에 내놓을 수 있다. 다수의 기준에는 쓸모없어 보일지라도 '자산화 개념'이 충분히 붙을 수 있으므로 '그거 해서 뭐하게?'라는 의문은 점점 줄어들고 있다. 지금 당장 손에 쥘 무언가를 제공해야 하는 것도 아니다. NFT나 뉴스레터 등 추상적인 가치에 기꺼이 대가를 지불하는 시대에는 물성이 과거처럼 중요하지 않다. 오히려 물성을 넘어 제공할 수 있는 게 무엇인지 바라보는 능력이 필요하다.

팔리는 아카이브 특징 : 고유성, 팬덤, 추억의 복원

이렇게 리얼머니로 환전되는, 팔리는 아카이브는 어떤 특징이 있을까? 크게 3가지, 즉 콘텐츠의 고유성, 공통의 팬덤, 공통의 추억이다. 이 중에서도 공통의 팬덤과 추억은 사람들이 소비에서 추구하는 가치가 달라졌음을 보여준다. 실용보다는 애호에 의한 소비가 이루어지는 것이다. 이는 단순히 좋아하는 데에서 끝나지 않고 이를 거래하고 투자하는 방식으로 나아간다. 이러한 흐름을 타고 아카이브가 자산화된다.

먼저, 개인의 콘텐츠가 담긴 아카이브가 '고유성'을 가진 경우다.

나만의 콘텐츠를 제작하고 해당 분야의 크리에이터로 포지셔닝에 성공했을 때 아카이브는 경제적 가치를 지니게 된다. 특히 유튜브 플랫폼이 등장하면서 영상 아카이브의 수익화라는 개념이 대중화되었다.

자신의 아카이브를 수익화려면 채널 브랜딩이 중요하다. 채널 영상으로 수익을 올리는 것 외에 확실한 채널 브랜딩으로 채널 자체를 거래하는 경우도 많아지고 있다. 최근 경제 유튜브 채널 '신사임당'이 약 20억 원에 채널을 매각해 이슈가 되었다. 흥미로운 사실은 유튜브 채널을 거래하는 데 '매각'이라는 표현이 나왔다는 점이다. 주로 '자산'에 붙는 매각이라는 표현이 채널이라는 영상 아카이브에 붙는 것에서 볼 수 있듯이, 개인 콘텐츠의 고유성만 있다면 자산으로 인지되어 현물로 거래될 수 있다.

두 번째는 '공통의 팬덤'이 생기는 경우다. 이러면 전체 파이는 작아도 확실한 타깃에게 나의 아카이브를 공유하고 거래할 수 있다. 아이돌 포토카드나 게임 아이템 거래를 떠올리면 이해가 쉬울 것이다. 공통의 팬덤이 자산이 되는 데에는 팬들의 니즈를 충족시킬 수 있는 굿즈나 아이템이 다양하고, 이들끼리 교류할 수 있는 커뮤니티가 있는지가 가장 중요하다.

때로는 큐레이터나 소유자가 누구인지에 따라서도 아카이브의 가치가 결정되곤 한다. 누구의 시각과 철학으로 만들어졌는지에 따라 그 가치가 달라지기 때문이다. 최근 고 이건희 회장의 컬렉션 '어느 수집가의 초대'를 보기 위한 치열한 티켓팅이 화제가 되었다. 컬렉션의 예술적 가치도 한몫했지만, 그보다 먼저 사람들의 관심을 끈 것은 이건희 회장의 취향과 스토리가 담긴 컬렉션이라는 점이었다.

세 번째는 '공통의 추억'을 향유하는 사람들이 많은 경우다. 추억과 세월이 가치화된다는 점에서 우리 사회의 소비패턴 변화를 읽을 수 있다. 개인의 취향과 시간을 담은 아카이브가 가치를 인정받아 팬덤을 형성하고, 그것이 그들끼리의 추억팔이가 아니라 다른 세대와 계층으로 전파될 때 아카이브가 리얼머니로 환전될 가능성도 커진다.

이때 중요한 것은 기존 아카이브의 현행화 과정이 동반되어야 한다는 점이다. 공통의 추억을 가진 아카이브는 시간성을 띤다. 오래된 만큼 향수를 느끼는 사람들이 생기지만, 이를 아예 모르는 사람들도 늘어난다. 이 간극을 메워주는 것이 리메이크나 리마스터링과 같은 콘텐츠 현행화 작업이다. 최근 리마스터링 버전으로 다시 인기를 끌었던 왕가위 영화 시리즈가 콘텐츠를 현행화하여 뉴비를 끌어들인 좋은 예시다. 기존의 팬층이 기억하는 콘텐츠 고유의 특성을 지키면서 리마스터링 버전을 출시할 때, 추억을 다시 소비하는 사람들과 이를 새로운 콘텐츠로 접하는 새로운 소비자 모두를 끌어안을 수 있다. '포켓몬'이라는 콘텐츠도 예전 그대로 머무르지 않고 몇 세대를 거쳐 지금의 아이들까지 즐길 수 있도록 끊임없이 리메이크하고 있었다. 이러한 노력이 있었기에 띠부띠부씰도 현재의 재유행과 함께 더 다양한 연령대의 소비자들을 확보할 수 있었다. 아카이브가 추억팔이로만 남지 않으려면 뉴비가 필요하고, 이를 위해서는 콘텐츠의 현행화 과정이 있어야 한다.

"26년 전에 친구가 생일선물로 보여준 영화를 만 15세 지난 딸램이랑 보고 왔어요. 26년 전 영화라기엔 때깔과 음악이 여전히 훌륭하네요. 딸램도 재밌었다며, 저처럼 한때 영화와 왕가위에 빠진 추억을 가지신 분들께 추천합니다~"

이 모든 특징을 아우르는 공통점은 각자의 스토리가 담겼다는 것이다. 개인의 아카이브나 기업 및 브랜드의 아카이브나 다르지 않다. 각자의 스토리를 담고 이를 전개하는 방식이 작위적이지 않을 때 사람들이 반응한다. 기업과 브랜드를 소개하는 방식도 마찬가지다. 최근 넷플릭스에 기업 다큐멘터리가 많이 올라오는 것을 볼 수 있다. 스페이스X의 성장과정을 다룬 〈리턴 투 스페이스〉부터 한국 스타트업 타다를 다룬 〈타다 : 대한민국 스타트업의 초상〉까지, 다큐 형식의 기업 아카이브는 대중에게 흥미로운 기업 성장물 콘텐츠로 다가온다.

스토리의 시대에 아카이브는 돈이 되기도 하지만, 단순한 아카이빙은 소비자에게 매력적이지 않다. 아카이빙 과정의 스토리와 여기에 어울리는 내러티브 방식이 더해졌을 때 매력적인, 팔리는 아카이브가 될 수 있다.

플랫폼을 통한 동류의 발견, 소통, 환금성

가치 있는 아카이브를 가지고 있더라도 나 혼자만 알고 있으면 자산화로 이어질 수 없다. 이 간극을 메워주는 것이 디지털 플랫폼이다. 플랫폼을 통해 아카이브가 공유되고, 거래가 성사된다.

오늘날 '플랫폼'의 역할은 구체적으로 무엇일까? 먼저, 내 가치관과 정체성을 축적하는 온라인 작업실이 된다. 동시에 그 작업실은 불특정 다수에게 공개돼 초대장 없이도 누구나 출입과 관람이 가능하다. 이 과정에서 네트워크가 형성되고, 서로의 아카이브를 채워주기도 한다.

그러려면 나와 비슷한 동류가 많은 플랫폼을 찾아가는 것이 중요하다. 사람들은 스타벅스 프리퀀시 굿즈를 얻기 위해 스탬프를 모으거나, 띠부띠부씰 컬렉션을 완성하기 위해 플랫폼을 찾는다. 미완의 아카이브를 완성하기 위해서는 동류의 아카이브가 필요하다.

플랫폼에서 개인 간의 아카이브가 상호작용하는 것처럼 브랜드도 개인과 상호작용할 수 있다. 최근 급성장한 의류 브랜드 마뗑킴이 좋은 예다. 마뗑킴은 무신사, W컨셉, 29CM 등 패션 플랫폼의 여성복 랭크에서 항상 상위권을 유지하며 2년 만에 50억 매출을 500억으로 키우는 큰 성장을 이루었다. 이러한 성장의 중심에는 소비자의 스토리를 브랜드 아카이브로 활용한 전략이 있었다.

소비자가 마뗑킴 제품을 착용하고 인스타그램 스토리에 태그와 함께 사진을 남기면, 마뗑킴은 브랜드 공식계정 스토리에 리그램하며 아카이빙한다. 고객과의 상호작용과 자사 제품의 아카이브 구축이 한 번에 이루어지는 것이다. 유명인이 아닌 자신에게까지 고마움을 표시(shout out)했다는 사실에 브랜드에 대한 소비자의 애정은 깊어지고, 충성도 또한 상승한다. 인스타그램이라는 플랫폼의 태깅 기능을 활용해 소비자와 브랜드의 아카이브를 서로 채워주면서 상부상조한 경우라 할 수 있다.

또 다른 예시로 영미권 Z세대에게 자리잡은 중고거래 플랫폼 디팝(Depop)을 들 수 있다. SNS와 중고거래 쇼핑이 결합된 플랫폼으로, 원래 서브컬처 잡지에 실린 아이템 정보를 공유하는 커뮤니티 형식으로 시작되었다. 즉 태생부터 단순히 중고물품을 사고파는 것이 아니라 나만의 취향이 담긴 아카이브를 파는 것에 가깝다. 그에 걸맞게 여타 중고거래 플랫폼과 달리 디팝의 메인화면에는 아이템이 아니라 판매자가 주인공인 'Sell your way' 코너가 있다. 어떤 물건을 파는지도 중요하지만 그보다 더 중요한 것은 어떤 방식으로 팔 것인가다. 디팝은 나만의 아카이브 전시를 통해 판매가 가능하도록 구성함으로써 Z세대 이용자들을 사로잡았다.

한국에서도 중고거래 산업의 성장과 함께 다양한 플랫폼이 나타나고 있다. 최근 20대 사이에는 인스타그램에서 개인의 중고의류를 올리고 판매하는 일종의 벼룩마켓이 늘고 있다. 이들의 특징은 단순히 입지 않는 옷을 파는 것이 아니라, 내 취향이 담긴 옷장을 공개한다는 것이다. 사용자들이 당근마켓 등 기존 중고거래 플랫폼이 아니라 인스타그램에서 벼룩마켓을 하는 이유는 목적이 수익 창출에만 있지 않기 때문이다. 아카이브를 통해 나의 취향을 공유하고, 동시에 경제적 수익 가능성도 열어놓는 것이다.

이렇듯 이 시대의 아카이브는 경제성과 떼어놓을 수 없다. 브랜드나 기업 또한 개인의 아카이브를 전시하기 쉽고 수익 추구도 가능한 플랫폼 환경을 구축했을 때 Z세대의 반응을 기대할 수 있을 것이다.

자발적 시세 합의의 공간

플랫폼을 통한 거래가 활성화되기 전, 우리는 친구들끼리 딱지나 유희왕 카드를 물물교환하며 통용되지 않은 기준으로 퉁쳐서 거래를 했다. 그게 가능했던 이유는 딱지, 유희왕 카드가 가치 있는 것이라는 공통의 믿음과 합의가 친구들 사이에 있었기 때문이다.

그때는 동네 및 학교 친구들 커뮤니티가 전부였다면, 지금은 플랫폼을 통해 동네를 벗어나 전국, 전 세계로 확장되었다. 과거나 지금이나 거래 과정에서 가장 중요한 것은 시세 합의다. 친구들과 편 가르기를 하기 전 항상 먼저 물어보는 것이 있다. "구호 뭘로 통일할 거야?" "데덴찌", "뒤집어라, 엎어라", "젠디" 등 동네마다 구호가 다르기에 이를 통일하고 시작하는 것이 중요하다.

오늘날 개인 간 거래에서 시세 기준을 공정하게 정해주는 것이 플랫폼이다. 리셀 플랫폼을 예로 들어보자. 최근까지도 여전히 인기를 얻고 있는 나이키 조던 덩크 시리즈를 사기 위해 많은 이들이

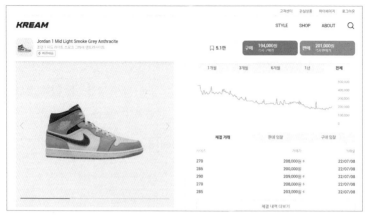

크림 홈페이지 내 나이키 조던 제품의 시세 그래프

솔드아웃이나 크림과 같은 리셀 플랫폼을 찾는다. 예전에는 중고 사이트에 물건을 올리고 메시지로 구매 희망자와 연락한 후 직접 만나 흥정을 시작했다. 판매자와 구매자 둘만이 폐쇄적으로 거래하는 터라, 같은 제품을 다른 사람들은 얼마에 샀는지 물어보고 다니지 않는 한 알 수 없었으며, 얼마가 적정가인지도 애매했다. 하지만 지금의 리셀 플랫폼은 주식 거래창과 흡사하게 구성되어 있다. 최근까지 얼마에 거래되었으며, 수요공급에 따라 지금 가격은 어떻게 변하고 있는지 한 번에 알 수 있다. 정보가 차단된 채 덤터기를 쓸 위험이 없을 뿐 아니라, 복잡한 흥정 없이 손쉽게 시세를 합의하게 해준다.

이렇게 합의된 시세를 모두가 공정하다고 받아들이는 이유는 두 가지다. 말로 주고받는 대신 표준화된 수치로 시세의 변화를 보여준다는 점과, 몇몇 사람끼리 정한 것이 아닌 다수의 소비자가 합의 과정에 참여했다는 점이다.

정체성이 자산이 된다

환금성(換金性)의 시대 : 나만의 경제체제를 찾고 만든다

띠부띠부씰부터 NFT까지, 사소한 나의 기록물을 비롯한 아카이브가 자산가치로 변화하고 있다. 그야말로 무엇이든 돈이 될 수 있는 환금성(換金性)의 시대에 우리는 살고 있다.

특히 주요 소비계층으로 떠오르는 Z세대는 디지털 네이티브로, 어떤 플랫폼에서든 경제체제를 찾고 만든다. 당장은 큰돈이 되지 않더라도 자신의 정체성을 아카이브를 통해 공개하고, 이것이 언젠가 수익을 낼 가능성이 있다고 기본적으로 인지하고 있다. 이들은 아카이브에 자산가치가 생기는 과정을 수없이 보아왔다. 몇천 원짜리 빵에 들어 있는 스티커가 몇만 원이 되기도 하고, 10만 원 안팎의 운동화가 몇백만 원에 거래되기도 한다. 심지어 실체가 존재하지 않아도 무방하다는 사실 또한 잘 알고 있다. 무명의 청소년이 NFT 아티스트가 되어 자신의 작품으로 돈을 벌기도 한다. 오늘날 우리에게 기록은 흡사 숨 쉬듯 당연한 것이다. 하지만 차세대 소비자들은 기록에서 멈추지 않고, 아카이빙을 통해 자신의 정체성뿐 아니라 경제적 가치도 축적하는 방법을 찾고 있다.

한편에서는 너무 어려서부터 돈을 밝힌다고 생각할 수 있다. 뭐든 돈으로 환산하려 하고, 본질보다 수익성에 집중한다고 볼지도 모른다. 하지만 이 또한 Z세대가 본질을 향유하는 방식의 하나 아닐까? 기존에는 가치를 매기기 어려웠던 '추억'이나 '최초' 등의 추상적인 가치를 모두가 인정할 수 있는 정량적 수치로 표현하는 것이니 말이다. 즉 모든 것을 자산가치로 환원하려는 행태는 가치에 정당한 값을 매기려는 시도라 볼 수 있다. 이들에게 아카이브의 환금성은 돈을 벌기 위한 경제체제만이 아닌, 나와 타인의 진정성을 인정하기 위한 수단인 것이다.

스토리의 시대 : 모두 각자의 이야기를 사고판다

아카이브의 필수항목인 스토리 속 나의 '의미'와 '시간'은 경제적 가치로 환산된다. 우리는 모두 각자의 이야기를 사고파는 중이다. 스토리를 담은 매개체 자체는 사실 중요하지 않을지도 모른다. 띠부띠부씰을 사는 어른들은 스티커가 필요해서 포켓몬빵을 사는 것이 아니다. 스티커를 매개로 어린 시절의 추억을 즐긴다는 스토리를 구매하는 것이다.

각자의 이야기를 사는 스토리의 시대를 맞아 자산이 되는 아카이브는 실용성과 물리적 실체를 넘어 더 다양해지고 있다. 얼마 전까지만 해도 무언가를 '수집한다', '아카이브를 만든다'고 하면 현금, 부동산, 예술품처럼 모두에게 인정되는 자산이 아니고서야 짐만 늘리는 쓸데없는 행위로 취급되기 일쑤였다. tvN 드라마 〈응답

차세대 주 소비자들은
정체성뿐 아니라
경제적 가치도 축적할 수 있는
아카이빙 방법을 찾고 있다.

하라 1988)의 정봉이를 기억하는가? 극중 캐릭터 정봉이가 모으던 올림픽 복권이 당첨되기 전까지, 가족들은 정봉이의 복권 수집을 쓸모없는 행동으로 치부했다. 지금도 아예 없는 일은 아니다. 여전히 다수에게 가치 있거나 쓸모 있지 않은 수집 행위는 의구심을 사기 십상이다. 하지만 이제 모두에게 가치 있어 보이는 것은 중요하지 않다. 그 스토리를 알아보고 공감하는 소수의 팬덤만 있어도 그 아카이브는 자산이 될 가능성이 있다.

그렇다면 브랜드의 아카이브는 어떤 스토리를 제시해야 하는가? 일단 역사가 있어야 한다. 브랜드 아카이브가 구사하는 가장 보편적인 방법은 브랜드의 역사를 연대기로 보여주는 것이다. 이때 조심할 것이 있다. 아카이브의 스토리는 추억팔이와는 달라야 한다. 자기들끼리의 추억팔이로만 소비되지 않도록 조심해야 한다.

브랜드의 아카이브를 일방적으로 소비자에게 제시하는 방식 외에 마뗑킴처럼 소비자와 브랜드가 서로의 아카이브를 채워주는 쌍방향의 방식을 취할 수도 있다. 아카이브 형성은 혼자서만 쌓아가는 일방적인 행위가 아니다. 일방향 미디어가 종언을 고하는 시대, 브랜드 아카이브 또한 소비자와 스토리를 주고받으며 완성해가는 것이 앞으로의 방향성 아니겠는가? 그러므로 고민해야 할 지점은 이것이다. 우리 브랜드는 소비자의 아카이브와 어떤 지점에서 연결되어 있는가?

1. 사람들의 아카이브에 메시지를 던져보자.

우리 브랜드는 고객의 어떤 아카이브에 들어 있는가? 먼저 우리 브랜드가 고객의 일상 중 어느 부분에 속해 있는지 살펴보자. 그런 다음 그들의 아카이브 스토리에 도움이 될 만한 메시지를 먼저 건네보는 건 어떨까?

2. 우리 브랜드와 고객이 나눌 공통의 추억을 찾아보자.

우리 브랜드는 고객의 어떤 추억에 들어가 있는가? 오늘날 추억은 경제적 가치를 지닌다. 우리끼리의 추억팔이를 넘어, 재해석을 통해 뉴비들과 함께 즐길 수 있는 환경을 만들어주자.

3. 고객의 아카이브를 적극 활용하자.

우리 브랜드의 역사를 일방적으로 제시하기보다, 고객과 함께 아카이브를 만들어 보자. 그 과정을 기록하는 것만으로도 브랜드의 고유성이 생기고 고객들의 효능감 을 채워주는 아카이브를 만들어보자.

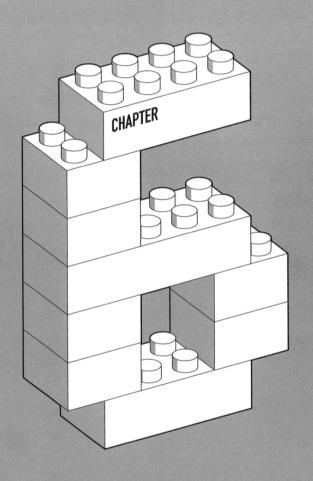

CHAPTER

동경의 소비,
사랑의 소비, 필요의 소비

박현영

빅데이터를 통해 소비 트렌드를 연구한다. 어떤 항목에 더 많은 소비를 하는지, 어떤 채널에 대해 더 많이 말하는지, 어떤 방법을 더 많이 쓰는지, 어떤 식의 경제적 혜택을 더 선호하는지 살펴본다. 소비에 대한 죄책감과 합리화도 연구한다. 소비를 기록하는 이유와 주체도 살펴본다.

오늘날 가장 두드러지게 나타나는 소비 트렌드는 결제수단과 소비주체의 변화다.

결제수단이 변화하며 달라진 것들

사람들이 많이 쓰는 동사가 변한다는 것은 생활의 변화를 이해하는 중요한 단초가 된다. 세상에 없던 '갓생'이라는 말이 생겨나 점점 더 많이 쓰이는 것으로도 생활의 변화를 이해할 수 있지만, 기존에 있던 동사의 언급량이 지속적으로 상승하는 것은 한두 개의 신제품이나 마케팅 활동으로 바꿀 수 없는 더 근본적인 변화를 뜻한다.

소비 트렌드를 연구하는 중요한 키워드인 '돈'과 연관한 동사가 변하고 있다. '돈'과 관련하여 '벌다'라는 동사가 꾸준히 증가한다. '돈+벌다'의 언급량은 2019년 월 2만 건대에서 2020~21년 3만 건대, 2022년에는 4만~5만 건대를 기록하고 있다.

'벌다'의 증가는 사람들의 관심이 돈을 쓰는 것에서 버는 것으로 변화하고 있음을 알려준다. 돈을 번다는 것은 노동을 통해 직접적으로 버는 것을 비롯해 앱테크로 소소하게 버는 것, 포인트를 쌓는 것처럼 쓰면서 버는 느낌까지 모두 포함한다.

"할인보다는 포인트 적립되고 현금화할 수 있는 카드면 좋겠습니당! 어차피 쓸 돈인데 할인받는 것보다 포인트 받는 게 꽁돈 버는 것 같아서 좋아요"
"더모아 쿠팡이츠 1원씩 포인트 써서 999원 맞추는데 핵이득 ㅇㅈ? 시켜먹을 때마다 돈 번 느낌"
"집에 있기에 소득이 없는 나이기에 좀 속상했었는데 긍정적으로 생각해서 더 열심히 벌 수 있는 것들을 벌어야겠다 생각했다… 앱테크로 받은 고구마 그리고 아래에 있는 건 캐쉬워크 포인트로 산 공짜 간식^^"

스마트폰 앱을 활용해 돈을 버는 '앱테크' 언급량은 2019년 1분기 대비 2022년 4~5월에 4.7배 증가했다.[1] 출석체크, 퀴즈 등의 간단한 미션을 수행하거나 광고를 시청하고 소소한 적립 포인트를 모으는 방식으로, 기업은 비교적 적은 비용으로 소비자에게 메시지를 전달할 수 있고 사람들은 큰 노력 없이 포인트를 쌓을 수 있다. 하루에 수십 번씩 휴대폰 들여다보는 시간을 할애해 적은 노력으로 현금화하기 편리한 적립금을 쌓는 일종의 게임이다. 돈을 많이 벌겠다는 목적보다는 일상의 소소한 재미와 함께 포인트가 조금씩 쌓이는 기쁨을 얻을 수 있다.

앱테크는 1장에서 언급한 이 시대의 가치 중 '효율적 성취'에 해당한다. 들인 노력은 적고 성취는 분명하다. 1만 원 이상 쌓아서 반드시 거기서만 써야 하는 유통점이나 신용카드 포인트처럼 현금화하기 어려운 것이 아니다. 간편하게 현금화해서 바로 간식거리를 사 먹기에 딱 알맞다. 쓰지 않고 쌓여 있는 5만 점 이상의 포인트보다 지금 눈앞의 편의점 간식과 맞바꾼 포인트가 더 가시적이다.

여기서 핵심은 '하루에도 수십 번 들여다본다'는 자발성과 '앱테크로 받은 고구마'라는 가시성에 있다. 신용카드를 사용하고 받은 포인트는 슬그머니 어딘가에 쌓인다. 포인트 얼마가 쌓였다는 메시지가 온다 해도 푸시형이다. 즉 내가 손가락을 대지 않아도 메시지가 날아온다. 하지만 앱테크나 페이앱을 사용해서 받는 포인트는 내가 직접 눌러야 한다. 누르는 행위는 단계의 증가인가? 아니다.

---

1) 생활변화관측소 주간관측소 6월 2주, "앱테크로 일상의 또 다른 소소한 재미를 찾다"

여기서는 참여의 증가다.

돈을 쓰는데도 버는 느낌을 받을 수 있는 건 포인트 때문이다. 돈을 쓰고 난 뒤 포인트 뽑기 버튼을 눌러서 포인트를 받는 것이다. 편의점에서 1700원짜리 음료수를 산다고 가정해보자. 잔돈이 있다면 1700원을 내는 방법은 한 단계다. 카운터에 1700원을 놓고 나오면 된다. 신용카드라면 카드를 건네고 돌려받는 두 단계다. 카드를 직접 꽂아서 결제하기도 하지만 "영수증 드릴까요?"라는 대화를 나누어야 한다. 페이앱은 "네이버페이 되나요?"라는 확인 과정을 제외하고도 4단계다. 휴대폰 잠금장치를 해제한다, 휴대폰의 네이버페이 앱을 켠다, 페이앱에 뜬 바코드를 보여주고 계산하는 분이 바코드를 찍는다, 그리고 마지막 4단계는 "띠링띠링, 포인트 뽑으세요" 메시지를 누르는 것이다. 1700원 음료수에 지급되는 포인트 4원. 만약 네이버플러스 멤버십에 가입했다면 한 번 더 뽑을 수 있다. 다시 4원이 나온다. 4원? 1700원 음료수를 하나 더 먹으려면 425번의 뽑기를 해야 하는 금액이다. 많은 금액을 주는 것도 아니고 단계로만 보면 더 번거로운데 사람들은 왜 휴대폰 앱으로 결제할까?

지금까지 결제방식은 간편함으로 진화했다. 현금에서 카드로, PC에서 모바일로, 비밀번호에서 얼굴인식으로, 간편하게 더 간편하게 단계를 줄이는 방식으로 변화했다. 하지만 지금의 페이앱은 간편함에 핵심이 있지 않다. 핵심은 참여와 가시성이다. 내 손으로 눌러서 얻은 포인트라는 점과 지금 내 눈앞에 보이는 포인트의 실체다. 한 달에 한 번 아파트 관리비에서 5000원을 할인해주는 것은 확인할 길이 없다. 물론 길이 없는 것은 아니지만 아무도 모르게 카드로 결제되고, 카드사에 포인트가 쌓이고, 내역서를 확인하지 않는다면 4원보다 체감되지 않는 5000원이다.

페이앱 또한 간편함이 중요한 가치이지만, 이는 간편결제가 추구했던 방식의 단계를 줄이는 간편함이 아니다. 휴대폰 페이앱의 간편함은 지갑을 꺼내지 않아도 된다는 데서 온다. 즉 나의 손을 가볍게 해주는 간편함이다. 삼성페이의 초기 사용 장면은 휴대폰 하나만 들고 집을 나와 편의점에 들어가는 씬이다. 삼성페이에 열광한 이유는 집 앞 편의점에 갈 때 추리닝 바지 주머니가 늘어지도록 지갑을 넣지 않아도 된다는 것이었다. 결제를 위해 자기 휴대폰을 남에게 건네는 게 허들이 되지 않을까 가정했지만, 지갑을 두고 갈 수 있다는 장점이 이 허들을 뛰어넘었다.

신용카드가 활성화되면서 현찰을 갖고 다니지 않는 사람이 많아졌는데, 페이앱이 활성화되면 신용카드가 든 지갑을 갖고 다니지 않는 사람이 많아질 것이다. 여기서의 활성화란 이 결제수단을 받아주는 상점이 많아지는 것이기도 하지만, 무엇보다 사람들의 머릿속에서 이 결제수단이 선택되는 것이다. 현금을 선호했던 10년 전에는 5000원 이하의 금액에 신용카드를 내도 되는지 물어봐야 했다. 10년 후에도 신용카드를 내도 되는지 물어야 할지도 모른다. 왜냐하면 신용카드 리더기가 구비되어 있지 않기 때문에. 모두가 자신의 휴대폰에 바코드를 생성하고, 그 상점의 바코드 리더기에 휴

결제 방식은 간편함으로 진화했다.
하지만 페이앱의 핵심은
간편함이 아니라 참여와 가시성에 있다.

대폰을 갖다 대는 식으로 결제하는 것이 기본이 될 수 있다. (사실 우리는 이미 이 상황을 목격했다. 코로나19 QR코드 체크인이다. 거의 모든 사람이 빠르게 적응했고, 예외 없이 참여했다. 휴대폰이 없는 사람은 수기로 작성했다. 마치 현금 결제를 하는 것처럼.)

지갑이라는 물건에서 손을 자유롭게 하는 간편함, 게임처럼 주어지는 포인트 뽑기의 재미와 가시성을 주지 못한다면 기존의 결제 수단은 확실한 소비처를 찾아야 한다. '여기에서는 이걸로 쓰는 거야', '이러한 소비를 위해 내가 당신을 떠나지 않았어'라고 말할 수 있는 존재이유를 분명히 밝혀야 한다.

결제수단은 소비의 특성과 연결되어 있다. 소비는 묘한 것이다. '싸다', '싸지 않다', '비싸다', '비싸지 않다'의 뉘앙스가 다 다르다. 이를 구분해보면 이러하다. 절댓값은 비싸다고 할 수 있지만 내가 얻은 것에 비하면 비싸지 않은 '동경의 소비'가 있고, 소비하면서도 싸다, 비싸다는 가격 평가보다는 행복하다, 편안하다 등 자신의 감정 상태를 더 많이 이야기하는 '사랑의 소비'가 있는가 하면, 쓰는 금액은 1만~2만 원 정도로 많지 않은데도 '알고 보면 싸지 않다', '비싸다' 심지어 '아깝다'고 표현되는 '필요의 소비'가 있다. 결제수단과 관련된 업이라면 이 중 어떤 소비를 잡을지 결정해야 하고, 브랜드 매니저라면 내 브랜드가 어떤 소비에 속하는지 살펴보아야 한다. 각각의 소비 특성과 해당 영역을 표로 정리하면 다음과 같다.

〈동경의 소비, 사랑의 소비, 필요의 소비〉

	동경의 소비	사랑의 소비	필요의 소비

소비의 씬 (scene)	• 급이 중요하다.
	• 호텔(호캉스),
	  파인다이닝, 골프,
	  디저트
	• 급이 높음을
	  드러내야 한다.
	• 소비 빈도가 낮다.
		• 브랜드가 중요하다.
		• 스타벅스, 코스트코,
		  배달의민족 등
		• 저 브랜드가 아니라
		  바로 이 브랜드라는
		  것이 중요하다.
		• 반복 소비, 소비
		  빈도가 높다.
			• 소비는 비용으로
			  인식된다.
			• 통신비, 주유비,
			  택시비, 관리비, 배달비
			• 반복 소비, 빈도가
			  높지만 브랜드가
			  중요하지 않다.
			• 저 브랜드와 이 브랜드의
			  차이가 없다.
			• 무조건 아끼고 싶은
			  아까운 돈이다.

결제수단 (payment)	[프리미엄 카드] 특별한 사람에게만 발급하는 연회비가 비싼 신용카드가 혜택을 주는 분야다.	[PLCC 프라이빗 라벨 크레디트 카드] 특정 브랜드와 콜라보한 카드가 등장하는 영역. ○○페이가 이 분야를 공 략한다.	[신규 발급 카드] 해당 비용을 절감해주는 신용카드 신규 발급 가능성이 높다 (체리피킹성이 강하다). ○○페이가 이쪽으로 확장할 것이다.

소비자 관점 (trend)	• 누림의 대중화
	• 식과 레저 분야에서
	  주로 프리미엄을
	  표현한다.
	• 이를 획득하기 위해
	  기꺼이 줄을 선다.
		• 특정 브랜드 로고가
		  들어간 굿즈, 특정
		  브랜드만의 결제수단을
		  수용한다.
		• 구독 서비스가 여기에
		  추가된다.
		• 이 소비가 나의
		  정체성을 대변한다.
		  이 브랜드를 이용하는
		  내가 좋다.
			• 지성소비
			  집단지성에 의해 아낄
			  수 있는 방법이 공유되고
			  나 역시 지성을 써서
			  이 분야의 소비 금액을
			  줄인다.
			• 갈아타다.
			  갈아타기의 허들을
			  정보가 이긴다. 정보가
			  습관과 관성을 깨라고
			  자극한다.

해당 브랜드의 목표	저변을 넓혀 사랑의 소비 영역을 만드는 것	사랑이 식지 않게 새로움을 유지하면서 동시에 급을 높여 동경으로 나아가는 것	소비자가 다른 브랜드로 갈아타지 못하도록 록인(lock-in)하는 것. 그러나 현실적으로 불가능할 수 있다.

새로운 경제감각

: 215

비싸지 않다, 동경의 소비

동경의 소비는 8만 3000원짜리 호텔 망고 빙수가 단적인 예다. 매년 2만 원 가까이 오르는 중이다. 그에 대한 소비자의 반응은 아래 예시가 대변한다. 모 맛집 추천 앱에 오른 망고 빙수 리뷰 중 하나다.

"고유명사가 되어버린 애망빙(애플망고빙수) 가격이 또 올랐다. 신라 호텔 망고 빙수는 가격 결정권을 갖고 있다. 원없이 먹을 수 있는 망고, 호텔 라운지 특유의 분위기, 감미로운 하프소리, 등등을 생각하면 그리 비싸지 않을 수도….

반면 동경의 소비를 타자적 시각으로 보면 이런 반응이 나올 수 있다.

"비행기 마일리지로 인터컨티넨탈 호텔에 묵었다. 우리는 투숙객이라 라운지가 공짜지만 사람들은 그냥 온 것 같았다. 우리 빼고 모두 망고 빙수를 먹고 있었다. 완판되어 먹을 수도 없었지만 가격이 8만 원이 넘었다. 한국 사람 돈 많아….

동경의 소비는 '급'이 중요하다. 급이 높다는 걸 드러내야 한다. 이 소비를 한다는 것이 무슨 의미인지, 이 가격이 얼마인지 모두가 알고 있다. 이러한 소비는 누림의 대중화를 보여주는 예로서 호캉스, 파인다이닝, 디저트 등 레저와 식음 분야에서 주로 나타난다. 특히 식 분야에서 두드러진다. 한 장의 사진으로 드러낼 수 있고, 최고급의 문턱이 비교적 낮기 때문일 것이다. 신라호텔 망고 빙수 8만 3000원, 결코 낮은 가격이 아니지만 결코 손에 쥘 수 없는 가격도 아니다.

동경의 소비는 상징의 소비다. 호텔 망고 빙수는 여름의 리추얼이다. 신라호텔에서 시작해 포시즌스, 하얏트 등 서울 시내 특급 호텔에서 모두 취급한다. 소비자 리뷰는 '올해도 어김없이~'로 시작한다. 올해도 이 리추얼에 동참했다는 뜻이다. 몇 년 전에 많이 보였던 '드디어 나도~'로 시작하는 리뷰와 달라진 점이다. 가격이 더이상 중요하지 않다는 건 아니다. 단, 그 가격에 가치를 부여하는 것은 그 안에 든 망고 개수가 아니라 그것을 먹으며 얻는 경험에서 온다. 이 경험에 참여했다는 것이 중요하기에 기꺼이 줄을 선다. 망고 빙수를 1년 내내 판다면 이 값을 받을 수 없을 것이다. 계절과 연동된 한정판이기에 사용자가 아니라 제공자가 가격을 정할 수 있다.

동경의 소비에서는 신용카드가 주요 결제수단이다. 그중에서도 프리미엄 카드, 특별한 사람에게만 발급되며 연회비도 비싼, 일반 카드보다 두껍고 특수한 재질로 된 검은색이나 보라색 카드다. 이 카드를 발급받을 수 있는 사람에게 주는 혜택이 동경의 소비 영역이다. 그런데 현재의 흐름은 누림의 대중화다. 이 특수 카드를 쥔 사람만이 아니라 누구나 여름의 최고급 디저트를 즐길 수 있다. 함께 간 친구 넷이서 공평하게 나눠서 값을 치를 수 있다.

동경의 소비가 추구해야 할 목표는 저변을 넓히는 것이다. 동경에만 머무르지 않고 현실에 침투해 소비자의 수를 늘리고 소비 빈도를 높이는 것이다. 누림의 대중화 덕분에 소비자가 증가할 가능성은 높아졌다. 소비 빈도를 높이기 위해서는? 본인의 업을 해치지 않으면서 소비 빈도가 높은 영역을 추가로 확보해야 할 것이다. 명품 브랜드에서 나오는 립스틱이나 휴대폰 액세서리는 비교적 낮은 가격으로 브랜드 경험자의 수를 늘리기 위한 전략이었다. 최근에 문을 연 디올 카페, 구찌 레스토랑, 루이비통 레스토랑 등은 소비의 빈도를 높이기 위한 전략이자 식(食)의 프리미엄화와 연관된다. 브랜드의 고유성과 한정판을 유지한 채 '특별한 사람에게만'이라는 기조는 버렸다. 아니다, 버린 것이 아니라 특별한 사람의 기준이 달라진 것이라 보는 것이 맞겠다. 어찌 보면 모든 사람은 다 특별한 사람이다. 동경의 소비를 바라보는 데 타자적 시각은 통하지 않는다. 모든 사람은 최고를 누릴 자격이 있다. 왜 아니라고 생각하는가?

행복하다, 사랑의 소비

사랑의 소비는 스타벅스다. 2022년 하반기에 스타벅스 관련 이슈가 많았지만 그럼에도 스타벅스는 대한민국에서 압도적인 브랜드다. 월 4만 건 이상 발현되고, 2021년 5월 네이버 블로그 챌린지로 문서수가 급증했을 때는 월 10만 건을 찍기도 했다. 2010년 빅데이터를 관측한 이래 단 한 번도 1등이 아니었던 적이 없다. 동종 업계에서 2, 3등을 차지하는 브랜드들도 정말 많이 언급되는 편이지만 월 1만 건이 안 된다.

하나의 브랜드가 월 4만 건 이상 발현된다는 것은 언제 어디서나 이 브랜드가 언급된다는 뜻이다. 스타벅스 브랜드의 연관어 변화를 보면 우리 사회 트렌드 변화를 알 수 있다고 할 정도다. 스타벅스 연관 감성어에는 '좋다', '맛있다', '예쁘다' 같은 대상 평가어보다는 '행복', '재미', '너무 좋다' 등 스타벅스와 함께한 일상에서 느낀 감성 언급량이 많다. 스타벅스는 이미 가치 평가 대상이 아니라 같이 가는 친구다.

사랑의 소비에서는 이처럼 '브랜드'가 중요하다. 저 브랜드가 아니라 이 브랜드라는 것이 선택 이유다. 그런 만큼 특정 브랜드에 대한 반복 소비가 일어나고 소비 빈도가 높다. 브랜드로 보면 스타벅스, 코스트코, 배달의민족, (초기의) 마켓컬리 등이다. 이러한 이유로 브랜드는 아니지만 편의점이라는 업태 역시 사랑의 소비 영역에 속한다.

사랑의 소비로 지칭되는 전자제품도 있다. 내 몸에 딱 붙이고 있는 무선이어폰, 나 대신 묵묵히 알아서 일하는 로봇청소기, 식기세척기 등 반려가전 혹은 반려기기라 불리는 품목들이다. 소비 빈도가 높지는 않지만 사용 빈도가 높고, 가격보다 브랜드가 중요하고,

가격 평가 이외의 다른 감정을 느낀다. 나와 늘 함께해주어 든든하고, 나를 위해 묵묵히 일해줘서 너무 고맙다.

사랑의 소비를 하는 브랜드는 PLCC(프라이빗 라벨 크레디트카드)를 만들 수 있다. 스타벅스 현대카드, 코스트코 현대카드, 무신사 현대카드, 배민 현대카드 등이 그 예다. 해당 브랜드 로고를 카드 디자인으로 하고, 해당 브랜드를 소비할 때 큰 혜택을 주는, 해당 브랜드의 주 소비자를 공략하는 카드다. 소비자 입장에서 사랑의 소비는 나의 정체성을 대변한다. 이 브랜드를 자주 이용하고, 이 브랜드 로고가 박힌 결제수단을 수용한다는 것은 '이 브랜드를 이용한다는 사실을 밝히고 싶다', '이 브랜드를 사랑하는 내가 좋다', '이 브랜드의 팬이라는 것이 부끄럽지 않다'는 것을 나타낸다. 그런 면에서 PLCC 카드가 탄생하려면 해당 브랜드에 대한 소비 빈도뿐 아니라 애정이 뒷받침되어야 한다.

최근 사랑의 소비 영역에 구독 서비스가 추가되었다. 어떤 서비스를 어느 시점에 얼마만큼 수용하는지는 개인의 특성을 묘사하는 중요한 단서가 된다. 2016년에 한국에서 넷플릭스를 돈 내고 구독하는 사람은 미국 시리즈물을 좋아하고 콘텐츠 전용 노트북, 스피커, 헤드셋을 구비한 사람, 얼리어답터이며 해외 경험을 했을 가능성이 높은 사람이었다.

이제 2022년 한국에서는 '콘텐츠 서비스 다 구독하는 사람'이 하나의 페르소나가 될 수 있다. 넷플릭스, 티빙, 왓챠, 디즈니플러스

등을 다 구독하는 사람은 콘텐츠에 관한 한 내게 물어보라고 하는 사람, 트렌드를 앞서가는 사람, 세상에 나온 모든 콘텐츠에 대해 의견을 낼 수 있는 사람, 콘텐츠뿐 아니라 서비스의 UI, 자막, 사용하는 언어, 가격 전략에 대해서도 품평할 수 있는 사람, 이 모든 서비스가 훌륭해서가 아니라 모든 것을 섭렵하는 자기완성을 위해 구독하는 사람이라 할 수 있다. 그밖에 특정 브랜드 커피를 구독하는 사람, 샐러드를 정기구독하는 사람, 꽃과 시와 차를 구독하는 사람은 편리함이나 경제성만을 추구하는 것이 아니다. 구독 서비스는 무엇보다 사랑의 소비이고 정체성을 드러내는 소비다. (구독 서비스에 대해서는 8장에서 자세히 다룬다.)

구독 서비스가 사랑의 소비라면, 구독 서비스 전용 PLCC도 나올 수 있을까? 현재는 구독 서비스의 소비 빈도가 월 1회로 너무 적다. 온라인으로 결제가 이루어지므로 신용카드를 꺼낼 기회도 거의 없다. 하지만 신용카드가 결제수단이 아니라 멤버십의 증거라면 얘기가 다르다.

예를 들어 'S.Universe'라는 자동차 브랜드가 있다고 가정하자. 내가 S.Universe 자동차를 사랑해서 한 번에 현금을 지급하고 구매했다면, 나는 이 브랜드를 매일 사용하지만 더 이상 결제할 일이 없다. 하지만 이 자동차 브랜드가 멤버십 제도를 운영하면서 멤버 전용 카페와 도서관, 호텔이나 극장을 곳곳에 만들어두고 이용 시 돈을 받는다면 결제 기회가 생긴다. S.Universe 브랜드 로고가 박힌 신용카드가 만들어지고 그 신용카드는 멤버십 라운지뿐 아니라 그 브랜드의 철학과 일치하는 매장, 예컨대 친환경이나 비건 식당에서 혜택을 준다. 나는 내가 사랑하는 브랜드의 팬이자 앰배서더이고 멤버라는 증거로 기꺼이 S.Universe 브랜드 신용카드를 받아들일 것이다.

ESG를 잘하는 브랜드, 개념 있는 브랜드가 PLCC를 만들 수 있을까? 멤버십의 관점을 적용하면 충분히 가능하다. 수입이 많음을 증명하는 프리미엄 카드가 아니라 브랜드가 표방하는 철학에 동의하는 사람의 배지(badge)로서 브랜드 신용카드는 중요한 역할을 할 것이다.

반면 소비처와 연계되지 않은 특정 캐릭터나 셀럽 카드는 포토카드와 다를 바가 없다. 예를 들어 유명 가수의 신용카드가 만들어지면 그의 팬들이 이 카드를 발급받을 것이다. 그러나 가수 얼굴이 담긴 카드 디자인이 매력적이어도 그와 관련된 소비처를 찾을 수 없다면 신용카드가 주는 혜택은 공허하다. 그럴 바에는 신용카드가 아니라 포토카드를 만들어서 판매하는 편이 더 낫다.

사랑의 소비에서 핵심은 '관계'이지만 돈을 주고받는 '거래'가 일어나야 한다. 그 거래는 가격 때문이 아니라 시간 때문에 일어난다. 그 브랜드와 함께했던 행복한 시간 때문에, 그 브랜드를 이용하는 현재의 행복한 일상 때문에, 그 브랜드와 함께할 미래의 편안함 때문에 일어난다.

따라서 사랑의 소비에 해당하는 브랜드는 가격이 '싸다', '비싸

사랑의 소비에서 핵심은
'관계'이지만
돈을 주고받는 '거래'가 일어나야 한다.
그 거래는 가격 때문이 아니라
시간 때문에 일어난다.
그 브랜드와 함께했던 행복한 시간 때문에,
그 브랜드를 이용하는 현재의 행복한 일상 때문에,
그 브랜드와 함께할
미래의 편안함 때문에 일어난다.

새로운 경제감각

다'가 아니라 우리 브랜드와 '사랑', '행복'의 감정이 사라지지는 않는지, 부정 감성어로는 '실망'이 증가하지 않는지를 지켜보아야 한다. 무엇보다 가장 중요하게 보아야 할 것은 관심이 줄지 않는지다. 사랑이 사라지는 가장 큰 증거는 무관심이다. 사랑의 반대가 미움이 아니라 무관심인 것처럼. 또 하나! 사랑받던 브랜드의 관심량이 줄어드는 원인을 줄어든 언급 속에서 찾지 말아야 한다. "우리 브랜드는 왜 관심을 받지 못할까요?"에 대한 대답은 우리 브랜드가 문제를 일으켰기 때문이 아니라 관심 받을 만한 이유를 주지 못했기 때문이다. 선택에는 이유가 있지만 선택하지 않은 데는 이유가 없다.

사랑의 브랜드에서 핵심은 소비자와의 지속적인 관계다. 이 관계를 유지하기 위해 사랑의 소비는 새로움을 유지해야 한다. 그러면서 동시에 급을 높여 동경으로 나아가야 한다. 스타벅스 리저브, 아이폰의 버전 업, 수많은 브랜드의 콜라보는 새로움을 유지하면서 앞으로 나아가는 행보다.

앞으로 나아가는 것은 급을 올리는 것만을 의미하는 것이 아니다. 시대정신에 맞게 변화하는 것을 의미한다. 친환경이 내 가족을 위한 것에서 지구를 위한 것으로, 약자의 인권에서 동물의 권리로 확장되는 것처럼 자신의 코어를 확장해가야 한다. 설령 우리 고객이 4050일지라도 젊은 세대를 보아야 하는 이유가 여기에 있다. 앞으로 나아가는 사람은 변화와 성장의 한가운데 있는 사람일 가능성이 높기 때문이다.

아깝다, 필요의 소비

"통신비는 아깝지만, 구독료는 아깝지 않아요."

무엇이 아깝고 무엇이 필수로 여겨지는가? '아깝다'와 '아깝지 않다'의 언급 비중은 사용처별로 다르다. 통신비는 '아깝다'의 비중이 94%다. 배송비는 97%, 배달비 94%, 택시비는 91%를 차지한다. 돈 나가는 게 아까운 대표적인 항목들이다. 반면 구독료, 입장료는 가장 아깝지 않은 비용으로 나타난다.[2]

무엇이 아까움을 자아내는가? 아깝지 않은 비용들과 비교해보면 알 수 있다. 차별화된 고유한 경험이 있으면 아깝지 않다. 대접받고 존중받는 느낌이 있으면 아까움이 덜하다. 일례로 통신비는 브랜드만의 차별화된 경험을 주지 못한다. 통신 서비스를 이용하면서 대접받는 느낌을 받기도 어렵다. 게다가 통신은 대개 제공된 것보다 덜 사용하게 되는데, 혜택을 다 누리지 못하니 더 아깝다. 반면 호캉스, 디저트 그리고 구독과 같이 먹고 쉬고 무언가를 누리는 것은 상대적으로 '아깝지 않다'고 여긴다. 통신비, 배달비, 배송비, 주유비, 택시비, 관리비처럼 필요에 의해 어쩔 수 없이 지불해야 하지만 얻는 것의 차별점은 없는 소비를 '필요의 소비'라 할 수 있다.

필요의 소비는 늘 비용으로 인식된다. 반복 소비가 일어나고 소비의 빈도도 높지만 브랜드가 중요하지 않다. 저 브랜드와 이 브랜

---

2) SOMETREND™, 2019.01.01~2022.08.31

드의 차이가 없다. 무조건 아끼고 싶은, 그저 아까운 돈이다. 해당 비용을 절감해주는 신용카드는 신규 발급 가능성이 높다. 신규 카드를 발급받으라고 지나가는 사람을 붙잡을 때도 이러한 비용을 할인해준다고 말한다. 이런 카드를 수용하는 소비자는 체리피커 성향이 강하다. 그 카드를 사용하는 것은 브랜드가 좋아서도 아니고, 혜택이 일어나는 분야를 좋아해서도 아니다.

2021년 말 신한 더모아 카드 사용 꿀팁에서 주로 이야기된 분야가 바로 이 필요의 소비 영역이었다. 사람들은 통신비 5990원 분할 납부, 주유비 5999원 카드 결제, 요기요 배민 더블 적립 등 비용으로 여겨지는 분야를 아끼고자 했다. 비용을 아끼려는 소비 트렌드는 '지성카드'라는 이름으로 자리잡았다. 지성소비라고도 불리는데 머리를 써서 돈을 아낀다는 뜻이다. 온라인 커뮤니티에서 비용을 아낄 수 있는 방법이 집단지성에 의해 공유되고 나 역시 지성을 발휘해 이 분야의 소비 금액을 줄인다. 반대말은 무지성 카드다. 알면서도 줄이지 않으면 어리석은 것이다.

지성카드는 복잡한 카드, 귀찮은 카드, 쪼잔한 사람이 쓰는 카드로 불릴 수도 있었지만 긍정적 의미의 지성카드가 되었다. 비용을 줄이고자 하는 행위가 긍정적으로 평가받는다는 뜻이다. 비용 절감 노력의 일환으로 습관적으로 사용하던 서비스를 바꾸는 데 대한 저항감도 줄었다. 몇 년째 이용하던 서비스 브랜드를 바꾸고, 고정비로 나가던 비용을 줄이고, 경우에 따라 카드를 바꿔내는 행위는 관성의 허들을 깨는 일이다. 그런 일이 일어나고 있다. 정보가 습관과 관성을 이겼다. 사람들 사이에서 '갈아타다'라는 동사가 더 많이 언급되고 있다.

10년 전 필자가 만났던 당시 1등 알뜰폰 브랜드 의사결정자가 말씀하셨다. "이 좋은 것을 사람들이 왜 안 하는지 모르겠다." 그때는 관성이 정보를 이겼다. 갈아탈 수 있다는 사실을 인지하고, 갈아타는 방법을 이해하고, 복잡한 과정을 실행할 수 있도록 확신을 주는 정보가 부족했다. 그러다 정보가 넘쳐나기 시작하니 기하급수적으로 참여자가 늘어나 20대에서 시작해 50대로 번져 나가고 있다.

필요의 소비 영역에 있는 브랜드의 목표는 소비자가 다른 브랜드로 갈아타지 못하도록 가두는(lock-in) 것이다. 다른 브랜드보다 나은 조건을 제시하거나, 사랑의 소비가 될 수 있도록 브랜드 파워를 강화해야 한다. 택시가 차별화된 서비스를 제공하며 오히려 높은 비용을 받거나, 유통사가 멤버십에 가입하면 배송비를 받지 않는다거나, 통신사가 다양한 서비스를 묶어서 구독 서비스가 되고자 하고 있다. 필요의 소비에서 사랑의 소비로 움직이는 것이다.

사랑의 소비로 움직이려는 필요의 소비 영역이 반드시 기억해야 할 것은, 경제성이 전부가 아니라는 사실이다. 경제성만으로 접근하면 필요의 소비의 한계에 다시 갇히고 만다. 무조건 아끼고 싶은 비용으로 인식되면 더 아낄 수 있는 다른 서비스로 갈아타는 것을 막을 수 없다. 사랑의 소비가 되고 싶다면 소비자가 애정하는 브랜드의 특성이 무엇인지 먼저 연구해야 한다.

소비의 미래 :
게이트의 통합, 포인트의 게임화, 이를 강화하는 소비주체

소비자는 금융 전문가가 아니다. 은행, 카드, 페이의 결제 시스템에 대해 정확히 알지 못한다. 하지만 본인에게 무엇이 편리한지, 무엇이 더 유리한지 알고 행동으로 옮긴다. 그 행동의 합이 데이터로 나타난다.

2015년 2월 카카오페이는 출시되자마자 앞서 출시된 ○○페이, 페이○○, '앱카드'라는 모든 은행사의 간편결제 카테고리 명칭보다 더 많이 언급되었다. 출시 이벤트의 영향도 있었겠지만, 카카오페이에 대한 소비자 반응은 이벤트 반응에만 그치지 않았다. "너무 편하다-카카오톡에서 10초 만에 결제 가능하다", "너무 편해서 소비 많이 할까 걱정된다", "iOS에서 가능하다. 아이폰 유저에게 더없이 좋은 선물이다." 개중에는 미래 예언도 이미 존재했다. "도미노 피자도 이제 카카오페이를 받네. 몇 년 내면 지갑 들고 다닐 필요도 없어지겠네."

2017년 7월 정식 출범한 카카오뱅크는 출시 시점에 모든 은행 언급량을 역전했다. 출시 이벤트가 빠진 뒤 언급량이 줄었다가 2019년에 재차 모든 은행의 언급량을 추월했고 2022년 현재도 그러하다.[3] 카카오페이와 카카오뱅크는 기존 금융을 역전했고, 간편한 금

---

3) 생활변화관측지 Vol.13, "카카오뱅크, 은행을 역전하다"

융이 무엇인지 분명히 각인시켰다. 공인인증서 없이도 금융이 가능했고 10초 안에 모든 것이 안전하게 이루어질 수 있었다. 플랫폼 사의 금융 서비스는 놀라움보다 의문을 남겼다. 소비자의 반응은 '카카오페이의 혁신성이 놀랍다'보다 '그동안 은행들은 왜 그랬던 거야?'였다.

네이버페이는 기존 시중 은행과 카드사에 의문의 1패를 안긴 카카오페이와는 또 다른 결을 지녔다. 네이버페이는 카카오페이와 거의 비슷한 언급량을 보이며 앞서거니 뒤서거니 하다가 2020년 2월부터 카카오페이를 확실하게 역전했다. 특징이 있다면 카카오페이는 주로 은행의 기능으로서 많이 언급되는 반면 네이버페이는 네이버가 제공하는 콘텐츠 플랫폼을 중심으로 이야기된다는 점이다. 즉 카카오페이가 은행의 기능을 제공한다면, 네이버페이는 적립금의 사용처를 짚어준다. 사용처는 콘텐츠 팬덤이 존재하는 OTT 스트리밍, 웹툰, 웹소설, 음악 등이다. 모바일 기반의 카카오페이가 소비생활의 편리함을 제안한다면, 네이버페이 이용자들은 소비 여정의 끝에 존재하는 삶의 풍요로움을 인지한다. 결제는 수단이지만 결제 후에 일어나는 삶의 풍요로움은 목적이다.[4]

네이버페이, 카카오페이 등 ○○페이는 앞으로 필요의 소비 영역으로 저변을 넓혀갈 것이다. 현재 온라인 및 오프라인에서 사용을 독려하면서 각종 페이가 공략하는 지점은 특정 브랜드 가맹점과

---

4) 생활변화관측지 Vol.32, "덕질을 쌓고 혜택을 나누는 네이버페이"

사랑의 소비 영역이다. 편의점에서 페이로 결제 시 50% 추가 적립, ○○빵집에서 2만 원 이상 결제 시 5000원 할인 등. 우선 자주 가는 곳에서 앱을 켜고 바코드를 내밀고 결제하는 경험을 하게 하는 것이다. 그다음은 비용절감 효과를 강조하고, 소비의 영역을 넓히고, 습관으로 자리잡을 것이다. 그다음의 변화는? 게이트의 통합, 포인트의 게임화, 소비주체의 변화에 의한 강화다. 하나씩 살펴보자.

게이트의 통합

결제는 휴대폰 하나로 통합된다. 지갑이 사라지고, 현금 사용은 간편이체로 대체되고, 페이앱은 스마트 워치에 탑재된다. 손목에 차고 있는 워치가 기본 결제수단이 되면 다른 결제수단이 끼어들 수 없게 된다.

지갑과 현금을 휴대폰이 통합하고, 휴대폰 내에 있는 다양한 페이앱은 하나의 브랜드로 통합된다. 통합된 페이 브랜드는 다양한 구독 서비스와 연계된 멤버십 서비스가 된다. 모든 구독 서비스가 하나의 서비스에 귀속된다. 거의 모든 온라인 스토어가 통합된 페이-구독 서비스 플랫폼에 입점한다. 마치 오뚜기몰이 별도로 있지만 대형마트몰에 오뚜기 브랜드관이 존재하는 것처럼, 마치 이마트몰이 별도로 있지만 네이버 장보기 안에 이마트몰이 입점해 있는 것처럼 물건을 사기 위해, 정기구독을 위해, 결제를 위해 열어야 하는 게이트가 하나가 된다. 이 통합의 흐름은 마치 이 가게 저 가게에 들러 이것저것 사던 사람들이 대형마트라는 거점이 등장해 모든 품목을 흡수한 이후 대형마트만 가게 된 흐름을 연상시킨다. 이 흐름에 결제수단과 구독 서비스까지 더 대규모로 통합되는 양상이다.

포인트의 게임화

게이트 통합은 통합된 페이의 '포인트'에 의해 가속화된다. 나의 모든 소비가 이 플랫폼에서 이 포인트로 통합되기 때문에 해당 페이-포인트를 쌓을 수 없는 결제수단이나 상점에서는 소비를 포기한다. 마치 대형마트에서만 장을 보는 사람이 대형마트에 없는 제품은 구매를 포기하는 것처럼.

애초에 포인트는 록인(lock-in)을 위한 것이고, 우리 것만 이용해 달라는 목적이므로 타사와 공유하지 않는다. 그런데 게이트 역할을 하는 통합 플랫폼사의 포인트는 타사의 포인트를 흡수함으로써 범용성을 획득한다. 예를 들어 앱테크로 쌓은 포인트, 개별 카드사 포인트, 개별 유통사 포인트가 통합 플랫폼의 포인트로 쉽게 변환되면 통합 플랫폼의 포인트는 범용적 통화가 된다. 개별 포인트는 더 이상 아무 의미가 없다.

포인트는 각각 얼마만큼 줄 것인가, 어떻게 줄 것인가, 포인트가 쌓인다는 것을 어떻게 알려줄 것인가, 어디서 어떻게 쓰게 할 것인가에서 차이가 있다. 모 유통사는 쓰는 금액의 10%를 포인트로 주는데, 포인트 적립 단계를 소비자가 일일이 거쳐야 한다. 게다가 포인트 사용 기한은 2주로 한정하고, 포인트 소멸 안내도 적극적으로 하지 않는다. 포인트가 쉽게 쌓이는 대신 사용이 어려운 방식이다.

큰 혜택을 주면서도 방법이나 정보 공유는 폐쇄적이다. 알고 보면 큰 혜택이지만 알지 않았으면 좋겠다는 것은 아닐 테고, 적극적인 소비자가 더 많이 가져가게 하는 방법이다.

반면 통합 플랫폼사의 범용적 포인트는 '누구나 쉽게'를 지향한다. 포인트 적립 비율은 낮지만 자동으로 쌓이고, 얼마가 되었든 바로 쓸 수 있다. 통합 플랫폼의 포인트는 매우 자주 쌓인다. 디지털 기기를 통해 결제하므로 포인트 뽑기 버튼을 누름으로써 포인트 받는다는 느낌도 확실하게 준다. 멤버십에 가입하면 한 번 더 누를 수도 있다. 포인트 쌓기가 즉각적 재미를 선사하고 실질적 성과가 된다.

이처럼 포인트 쌓기는 게임처럼 자주 하고, 직접 참여할 수 있고, 결과는 재미를 준다. 포인트 쌓는 공략이 공유되면서 포인트는 점점 게임이 된다. 통합된 게이트의 포인트는 다른 곳의 포인트를 흡수해 실질적 성과가 강화되고, 게임화의 즉각적 재미가 추가됨으로써 독보적 존재가 된다. 게임의 재미는 습관이 되고, 멈출 수 없고, 갈아탈 수 없고, 포기할 수 없다.

소비주체가 이끄는 변화

일상이 폰으로 시작해서 폰으로 끝나는 디지털 네이티브는 모든 결제에서 스마트폰의 페이앱을 사용하고, 게임하듯 포인트를 모은다. 이 과정이 지갑에서 신용카드를 꺼내는 행위보다 익숙하다. 이들이 1인가구를 형성하고 있다. 1인가구라는 소비주체는 독립적이고 스스로를 컨트롤한다. 아파트 관리비는 엄마가 내고, 주유비는 아빠가 내고, 구독료는 자녀가 내는 다인가구와 달리 1인가구는 모든 소비를 내가 통제할 수 있다.

하나의 게이트로 통합되었을 때 통제성은 더욱 강화된다. 지난달 대비 어떤 소비에 지출이 많았는지 파악함은 물론이고 다른 사람과 비교해 나의 소비 패턴이 어떠한지 이해하고 시스템에 의해 최적화된 소비를 제안받는다.

소비를 무조건 아끼는 것이 선은 아니다. 쓸데없는 소비는 줄이고 가치 있는 소비는 늘리거나 유지해야 한다. 소비에 자원을 배분하는 데에는 가치관이 개입한다. 1인가구이자 독립된 개인은 동경의 소비-사랑의 소비-필요의 소비에 각각 1.5, 1.0, 0.5를 배분한다. 동경의 소비에 1.5를 배분하면서 필요의 소비에 고작 0.5를 배분하는 것이 언뜻 모순되게 들릴지 모른다. 소비의 성격이 끝까지 가는 동경의 소비와 끝까지 아끼는 필요의 소비로 구분된다는 것과, 이를 한 사람이 가치관에 따라 컨트롤한다는 것을 이해하면 '모순'은 '합리'가 된다. 특급 호텔 스위트룸 1박에 50만 원을 쓰면서 동시에 2만 원을 아끼기 위해 7개월마다 휴대폰 통신사를 갈아탄다. 동경의 소비라 해서 아끼지 않는 것은 아니다. 아낄 수 있는 방법, 예컨대 멤버십 혜택, 포인트 적립 혜택, 나에게만 주는 비밀스런 혜택을 수용하지 않을 이유는 없다. 이를 짠테크가 아니라 과학소비라는 이름으로 정당화한다.

통합된 게이트는 독립된 경제주체의 자원배분 과정을 꿰뚫어볼 수 있다. 우연히 한 번 발생한 소비 데이터로는 상상하기 어려운 소비궤적이 쌓인다. 그 데이터를 기반으로 적절한 타이밍에 적절한 방법으로 소비를 제안하고 소비의 성과를 소비자와 나눈다. 게이트는 판매해서 좋고, 소비자는 혜택을 받아서 좋다. 이렇게 독립적 경제주체는 게이트의 통합과 포인트의 게임화를 실천하고, 이를 강화하는 주체가 된다.

통합된 게이트의 시스템은 독립가구의 소비패턴을 학습하고 이들의 소비를 기준점으로 잡는다. 4인가구가 다수이고 소비의 기준이라고 생각했을 때는 4인가구 중심의 소비가 제안되었다. 4인용 식탁, 4인용 자동차, 4인분이 들어 있는 식품 등. 독립가구가 소비의 기준이 되면 1인이 소비의 기본단위가 된다. 이미 인구통계학적 분류로 다인가구에 속하는 사람들도 더 많은 시간을 '1인'으로 살아가고 있다. 재택근무 시간, 퇴근 후 자기계발 시간, 주말의 성수동 나들이는 독립된 경제주체의 소비패턴과 일치한다. 1인가구는 이미 소비 트렌드 리더이자 가치소비의 리더다.

가구 경제를 살뜰히 챙기는 가정주부가 아니라 1인가구를 형성하는 독립 주체들의 정보 공유.

현금과 카드 결제를 역전한 ○○페이들의 선전.

할인보다 선호되는 포인트 적립.

최근 소비 트렌드를 세 줄로 요약하면 이와 같다. 소비주체와 결제수단의 변화, 다시 말해 '누가, 어디에서, 어떤 결제수단을 내미는지, 그 수단을 내밀면서 얻는 이득은 무엇인지?'는 앞으로도 계속해서 주목해야 할 트렌드 연구 주제다. 이 주제는 소비와만 연결되는 것이 아니라 우리 사회구조와도 연결된다. 크고 중후한 자동차에서 내려 크고 무거운 문이 있는 건물로 들어가서 검고 무거운 신용카드를 내는 사람이 아니라 가벼운 차림으로 한강변을 달리다가 디지털시계로 공용자전거 자물쇠를 열고 사방으로 뚫려 있는 집으로 들어서는 사람이 광고모델이 될 수 있는 세상이다.

1. 브랜드 매니저라면 우리 브랜드의 소비양식을 인지하고 브랜드의 목표를 설정해야 한다.

동경의 소비라면 저변을 넓혀야 하고, 사랑의 소비라면 함께할 수 있는 시간을 늘려야 하며, 필요의 소비라면 경쟁우위를 확보해야 한다.

2. 결제수단 업에 종사한다면, 동경의 소비가 저변을 넓히는 방향을 바라보고 그 안에 합류하자.

먼저 제안하여 선점한다면 승산이 있다.

3. 모든 브랜드는 사랑의 소비를 지향한다.

조건은 이러하다. 내가 저 브랜드보다 나아서가 아니라 내 브랜드만이 가진 고유한 이유로 선택되어야 한다. 브랜드를 만날 수 있는 빈도가 잦아져야 한다. 브랜드를 내 돈 주고 구입할 수 있는 기회가 늘어나야 한다.

4. 브랜드와 소비자의 연결고리가 되는 포인트에 대해 다시 돌아보자.

얼마만큼, 어떻게 지급하고, 어떻게 사용하게 하는가? 가능하면 게임처럼 자주 들어와서, 직접 누르고, 결과는 재미있어야 한다. 주는 방식에 따라 포인트는 청산해야 할 빚이 될 수도 있고, 뜻밖의 선물이 될 수도 있다.

PART 3

새로운
소유방식

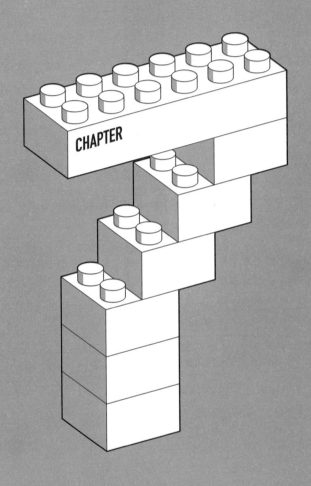

CHAPTER

기계, 반려와 애착의 대상이 되다

심우연

나만을 위한 디지털 기기

책을 내려놓고 잠시 생각해보자. 당신이 하루 동안 사용하는 스크린이 몇 가지인지. 집에서 사용하는 스크린 달린 기기만 세어봐도 휴대폰과 TV는 기본이고 노트북, 모니터와 태블릿 등 4~5개를 사용하는 이들도 적지 않을 것이다. 그렇다면 이 많은 스크린을 동시에 몇 개까지나 사용하고 있을까? TV로 넷플릭스를 보면서 게이밍 노트북으로 게임을 하면서 휴대폰으로는 페이스북 메신저를 하는 멀티태스킹 일상이 필자를 비롯해 여기저기서 펼쳐진다. 봐야 하고 해야 할 콘텐츠가 넘쳐나는 시대에 최대한 효율적으로 시간을 활용하기 위해 멀티태스킹을 한다. 이제는 오롯이 TV만 보고 있는 건 시간이 아깝다고 느끼며, N개의 스크린으로 다양한 콘텐츠를 동시에 소비한다.

여가활동에만 멀티태스킹이 일어나는 게 아니다. 업무나 공부를 할 때도 N개의 스크린이 동원된 멀티태스킹은 이제 기본 소양이다.

노트북으로는 수업 교재를 펼쳐놓고, PC 모니터로는 교수님이 녹화한 수업을 재생하며, 태블릿으로는 필기를 하고, 동시에 휴대폰으로는 열품타 앱으로 공부시간을 기록하고 그 장면을 '#공부스타그램'으로 인증하는 학생들이 단적인 예다.

'나는 원래 이렇게 했는데'라는 사람들도 있겠지만, 이런 현상을 강화하고 촉진한 것은 코로나라 할 수 있다. 코로나로 재택근무가 증가하고 온라인 수업이라는 새로운 교육 형태를 받아들이면서 사람들의 생활에 다양한 디바이스가 자연스럽게 그리고 필연적으로 들어오게 되었다. 어느 디바이스가 이 영향을 가장 많이 받았을까? 노트북, 모니터, TV, 태블릿 등 스크린이 달린 디바이스 가운데 언급량이 가장 많이 증가한 것은 태블릿이다. 최근 3년 동안 태블릿

〈스크린 디바이스 언급 순위〉

	키워드	언급량	평균 증가율
1	TV	206,968	0.3%
2	컴퓨터	96,278	0.4%
3	휴대폰	79,217	0.5%
4	노트북	58,526	1.4%
5	모니터	21,379	0.7%
6	**태블릿**	**4,832**	**2.7%**
7	데스크톱	764	1.3%

출처 | 생활변화관측소, 블로그+커뮤니티, 2019.01.01~2022.08.31

언급량의 평균 증가율은 2.7%인 반면 TV나 컴퓨터, 휴대폰의 언급 증가율은 평균 1%도 미치지 못한다.

코로나가 가세하면서 태블릿에 생긴 수혜는 크게 두 가지다.

첫 번째는 높아진 보급률이다. 모든 교육이 온라인 수업으로 전환되면서 노트북이나 태블릿이 수업의 필수품이 되었다. 이런 기기가 없던 가구가 새로 장만하는 것은 당연했으며 예상도 되었다. 여기에 더해 이미 노트북이나 태블릿이 있는 집들도 추가로 구매하기 시작했다. 자녀가 2명 이상인 가정에서 온라인 수업을 동시에 들어야 하는데, 디바이스가 하나뿐이라 누군가는 수업에 참여하지 못하는 상황이 발생한 것이다. 그래서 부랴부랴 태블릿을 더 구비해서 한 자녀당 1태블릿, 나아가 부모도 각각 하나씩 구매하면서 1인당 1태블릿이 트렌드가 되었다.

2018년에 나온 삼성전자 갤럭시탭S4 광고는 한 가족 안에서 태블릿의 활용도를 부각시켰다. 엄마가 업무용으로 사용하던 태블릿을 딸이 집어들더니 노래를 틀다가 아들이 뺏어가서 게임을 즐기고, 마지막에는 울고 있는 막내를 위해 유아용 영상을 틀어주는 모습과 함께 '#세계평화'라는 해시태그로 광고가 끝난다. 광고의 메시지는 '누구나' 다양하게 태블릿을 사용할 수 있다는 것이다. 하지만 코로나를 계기로 태블릿은 이제 가족 전체가 공유하는 디바이스가 아닌 개인 디바이스, 즉 '내 것'이 되었다. 생각해보자. 아기에게 영상을 보여줘야 한다고 게임하고 있는 아들에게서 태블릿을 뺏으면 과연 가정에 평화가 올까? 태블릿을 업무용으로 사용하는 엄마가 중요한 문서들이 담긴 기기를 자녀에게 넘겨도 괜찮을까? 당연히 말도 안 된다. 이 모든 이유로 현재는 온라인 수업을 듣는 자녀에게 태블릿 하나, 유튜브 보고 있는 자녀에게 또 하나, 가계부를 쓰는 부모에게 하나, 그리고 업무용으로 가지고 다니는 부모에게 하나씩, 각자 자기만의 디바이스를 갖추는 것이 일반적이다. 디바이스는 지극히 개인적인 것임을 코로나가 일깨우면서 태블릿의 부흥을 가능케 했다.

두 번째 수혜는 용도가 정해졌다는 것이다. 태블릿은 영상 감상, 그림 그리기, 게임, 필기, 업무 등 다양한 목적으로 이용할 수 있다는 것이 장점이자 단점이었다. 업무에 집중하기에는 스크린이 너무 작거나 성능이 부족하고, 게임을 본격적으로 하기에는 조작이 어렵거나 성능이 아쉽고, 그렇다고 그림을 전문적으로 그리기엔 그럴 실력의 보유자가 많지 않다. 이처럼 다양하지만 애매한 용도가 문제였다.

그러다 코로나로 태블릿의 역할이 명확해졌다. 저학년 자녀의 온라인 수업에 제격인 스펙, 즉 카메라와 마이크 탑재, 선생님과 칠판이 보일 정도의 스크린 사이즈, 간편한 UI 및 UX와 조작감을 갖춘 디바이스가 바로 태블릿이다. 아직 노트북을 사주기는 꺼려지는 부모에게 태블릿은 딱 알맞은 선택지였으며, 자연스레 휴대폰에 이어 아이들의 두 번째 개인 디바이스로 자리잡게 되었다.

대학생에게 태블릿은 필기용으로 쓰인다. 휴대성 덕분에 원래도 태블릿이 필기노트 대신 사용되고 있었으나, 아직은 노트북을 들고

〈'노트북' vs. '게이밍 노트북' 연관어〉

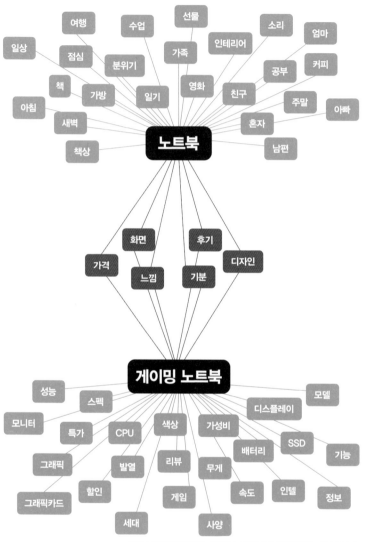

출처 | 생활변화관측소, 블로그+커뮤니티, 2019.01.01~2022.08.31

다닌 학생들도 있었을 것이다. 그러다 온라인 강의가 계속되면서 기존의 노트북은 수업 영상을 틀어놓는 용도로 쓰이고, 필기는 태블릿으로 옮겨갔다. 코로나를 계기로 목적성이 애매했던 태블릿에 드디어 명확한 용처가 부여된 것이다.

　디바이스의 용도가 점점 세분화되는 경향은 태블릿뿐 아니라 노트북에도 적용되는 이야기다. 태블릿은 같은 디바이스가 소유자에 따라 목적성이 달라진 경우라면, 노트북과 모니터는 목적에 따라 같은 디바이스라고 보기 어려울 정도로 사양과 성능부터 확연히 다르다.

　대표적인 예시가 노트북과 게이밍 노트북이다. 게이밍 노트북이라 하면 '게임을 많이 돌리는 일반 노트북'이라 생각할지도 모르겠다. 그러나 흔히 생각하는 노트북과 게이밍 노트북은 부품은 물론 성능, 무게, 사양 등의 고려요인이 전혀 다른 종류의 제품이다. 실제로 사람들이 이야기하는 담론의 종류도 꽤 차이가 난다.

　도표를 보면 노트북과 게이밍 노트북에 공통으로 언급되는 단어는 별로 없고, 각각에 특징적으로 붙는 연관어가 훨씬 많다. 흥미롭지 않은가? 게임이라는 상황만 더해졌을 뿐 생산자들은 이 둘을 같은 종류의 제품으로 분류할 법한데 이렇게나 다른 이야기가 나온다는 것은, 정작 소비자들이 두 가지 제품을 동일시하지 않는다는 뜻이다. 노트북은 다양한 대상과 상황, 시간 등 일상적인 라이프스타일에 훨씬 가깝다. 공부하기 위해 카페에 노트북을 들고 가는 주말, 노트북으로 혼자 영화 보면서 아련한 분위기를 즐기는 새벽, 생일선물로 노트북을 받은 기쁨 등, 노트북은 담론의 중심이 아니라 삶의 일부분으로서 이야기되고 있다.

반면 게이밍 노트북에서 특징적으로 나타나는 연관어는 제품의 고려요인이다. 기본적인 모델, 무게와 가격부터 성능에 영향을 미치는 세부적인 SSD, 그래픽카드 등의 부품까지 가급적 적합한 노트북을 구매하기 위해 챙겨야 할 요건들이 나타난다.

"우선 CPU랑 그래픽카드는 저전력이 아닙니다. 그래서 성능이 더욱 좋습니다. 저전력은 보통 U나 맥스큐가 붙어서 성능이 더 떨어집니다. 1.게임 성능 or 영상편집 게임 아주 잘~ 돌아갑니다. 현존 게임 거의 다 잘 돌아가요. 프레임 그냥 아주 잘 나와요. 144hz 주사율이라 fps도 아주 좋다고 생각합니다. 영상편집은 이 정도 사양은 쓰셔야 만족하실 겁니다. 2. 발열 or 소음 발열은 고성능 게이밍 노트북은 거의 다 높아요. 그냥 높다고 보시면 되구요. 비행기 이륙합니다~"

이렇게 하나하나 따지고 비교할 만큼 게임에 진심인 사람들은 일반 노트북으로는 만족스러운 플레이가 불가능하기에 게이밍 노트북을 따로 마련한다. 필자도 업무용 노트북에 스팀 게임을 돌리려고 도전했다가 렉이 하도 걸려서 참다 참다 별도의 게이밍 노트북을 마련한 바 있다. 그래서 결국 노트북이 3대가 되었다. 대학교 때부터 사용하고 이제는 넷플릭스 시청용이 된 맥북, 출퇴근 때 들고 다니기 좋은 가벼운 업무용 LG 그램, 게임을 위해 오직 성능만을 고려하고 이동성은 포기한 무거운 아수스 노트북.

왜 이렇게까지 디바이스를 분리해서 여러 개를 구매해야 할까? 그 의문에 대한 답은 '효율'이라고 말하고 싶다. 주어진 상황에 최적화된 환경을 갖추어 최대의 효율을 끌어내기 위해서다. 회사에 노트북을 들고 다녀야 하는 경우 가벼우면서 기본 마이크로소프트 오피스 어플이 작동하는 CPU를 갖춘 노트북을 선택해야 출퇴근길에 몸을 보존해 업무에 집중할 수 있다. 게임에서 레벨을 최대한 빨리 올리기 위해서는 게임 플레이가 원활한 게이밍 노트북을 써야 한다.

"게이밍 제품들은 다 구비해두고 있죠. 장비 욕심도 많은 편이거든요 ㅋㅋ 게이밍 책상에 게이밍 노트북, 게이밍 데스크탑, 게이밍 이어폰, 게이밍 마우스 등등 다 게임에 의한, 게임을 위한 그런 것들 뿐이에요. 전에는 총게임에 엄청 빠져 있었거든요. 아무래도 FPS는 장비빨이잖아요"

이 '장비빨'이라는 단어가 매우 중요하다. 그만큼 장비가 생활에 주는 영향이 크다는 뜻이다. 진정한 장인은 도구를 가리지 않는다고 하지만, 좋은 도구가 더 좋은 작품을 낳는 것은 상식이다. 그러니 가장 좋은 결과, 좋은 작품, 좋은 랭킹을 위해 장비를 업그레이드하며 '장비빨'이라는 것을 따지게 된다. 이런 식으로 돈을 투자

과거에는 디바이스를 함께 사용하는 게 가능했지만
이제는 나만의 것이 되었다.
나와 개인적인 애착을 형성하여
나에게 커스터마이징된
최적의 효율을 짜내는 반려기기다.

하여 가장 효율적인 도구를 선택해 내가 원하는 목표까지 최대한 빠르게 도달하는 것이 현재 디바이스 시장의 트렌드다.

보는 것에서 듣기까지, 디바이스와 함께 확장하는 콘텐츠

디지털 기기에 대해 이야기하면서 오디오 디바이스를 지나칠 수 없다. 코로나로 인해 1인당 소유하는 스크린 디바이스가 늘어난 만큼 개인용 오디오 디바이스도 증가했다.

특히 재택근무에 필연적으로 따라오는 화상회의에는 오디오 장비가 필수다. 재택근무가 선택이 아니라 강제사항인 회사도 있었을 것이며, 그래서 집에 재택근무 공간을 새로 구축한 사람들도 있을 것이다. 여기에도 일종의 규칙이라는 것이 생겨났다. 문이 달린 독립적인 공간, 노트북에 연결되는 모니터, 모니터 위에 달리는 웹캠, 소니 블루투스 헤드셋, 허먼밀러 의자, 화상회의에 적합한 액자 없이 하얀 벽, 여기에 유튜브 조명까지가 재택근무의 이상적인 셋업이다. 과거의 노마드라이프가 이동성 좋고 어떤 환경에든 맞출 수 있는 미니멀리즘 셋업을 추구했다면, 재택근무 때는 나의 취향에 환경을 맞추고 특히 화상회의 때 소통이 원활하고 내 얼굴이 화면에 잘 잡힐 수 있도록 맥시멀리스트의 기준이 마련된 것이다.

코로나 시국에 오디오 디바이스를 처음 사용해본 이들도 있다. 예컨대 초등학생들이 그렇다. 온라인 수업이 실시되면서 집에서 공

〈오디오 콘텐츠별 연관 오디오 디바이스 언급 비중〉

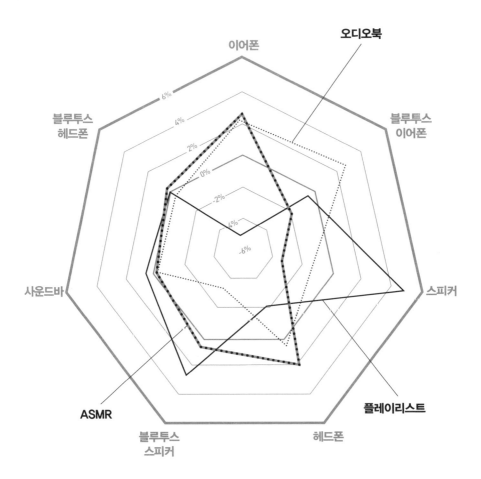

출처 | 생활변화관측소, 블로그+커뮤니티, 2019.01.01~2022.08.31

부하는 아이들은 수업에 집중할 수 있도록 생애 최초 오디오 디바이스를 개시했다. 아이의 귀 건강을 고려하지 않을 수 없는 부모들은 귀 안에 쏙 들어가 밀착되는 이어폰보다는 헤드폰을 선호했고, 한발 나아가 노이즈캔슬링 기능으로 구매하는 경우도 많았다. 개인 방이 아니라 부모가 있는 거실이나 식탁에서 수업을 듣는 아이들에게는 생활소음에 방해받지 않는 노이즈캔슬링 기능이 중요했다.

개인이 소유하는 오디오 디바이스가 늘어나면서, 용도에 따라 사용되는 기기도 달라진다. 이동 중이거나 오디오북을 들을 때는 블루투스 이어폰, 플레이리스트를 들을 때는 블루투스 스피커, 그리고 ASMR을 들을 때는 헤드폰을 선택한다.

이어폰, 스피커, 헤드폰 모두 소리를 전달해주는 기기인데 콘텐츠별로 사용하는 디바이스가 다른 이유는 저마다 주요 장점이 다르기 때문이다. 이동 중이나 운동 중에 틈틈이 듣는 오디오북은 음질보다는 이동성이 먼저 고려되기 때문에 헤드폰보다 이어폰을, 유선보다는 블루투스 무선을 선택한다. 한편 플레이리스트는 다같이 듣거나 집에서 배경음악처럼 틀어두는 것이기에 혼자만 듣는 이어폰이나 헤드폰보다는 스피커를 사용한다. ASMR은 세세한 디테일이 생명이므로 음질 좋고 바로 귀 옆에서 들리는 듯 느껴지는 헤드폰으로 주로 듣는다. 최적의 게임 플레이를 위해 게이밍 노트북을 따로 장만하는 것처럼, 오디오 콘텐츠의 종류에 따라 가장 적합한 오디오 디바이스를 선택하는 것이다.

오디오 디바이스가 세분화될 만큼 '듣는 콘텐츠' 소비가 많아진

걸까? 그렇다. 기존의 트렌드에서는 넷플릭스, 왓챠, 유튜브 등 스크린이 딸린 기기로 '보는' 콘텐츠가 메인이 되어 언급되곤 했다. TV의 진화를 살펴보면 HD에서 4K로, 다시 8K로 해상도를 높이는 것이 중점이었고 스피커와 음질은 상대적으로 조명받지 않았다. 하지만 이제는 듣는 콘텐츠에도 관심을 줘야 한다. 코로나 이후 '듣다'라는 동사 언급량이 급격히 상승했다. 한국도 해외 데이터도 마찬가지다. 영상이나 게임의 언급량이 여전히 더 많지만, 콘텐츠 영역에서 코로나 이후 가장 많이 증가한 것은 오디오 콘텐츠다.

듣는 콘텐츠 시장은 점점 성장해 음악과 라디오에서 ASMR과 오디오북까지 종류도 다양해졌으며, 음악 콘텐츠도 플레이리스트라는 새로운 형태로 세분화되었다. 여기에 더해 영상통화, 화상회의 같은 쌍방향 커뮤니케이션도 코로나 때문에 쉽게 접하게 된 오디오 콘텐츠라 할 수 있다.

이 많고 다양한 오디오 콘텐츠를 소비하는 목직은 저마다 다르게 나타나지만, 그 안에서 가치를 찾아내자면 몰입과 효율로 구분할 수 있다.

듣는 콘텐츠는 기본적으로 감수성을 자극한다. 음악을 듣는 것만으로 우리는 우주의 웅장함을, 여름밤의 시원한 바람을, 비 오는 날의 이별을 느낄 수 있다. 이런 힘이 있는 만큼 오디오 콘텐츠는 시간대에 따라 주는 감성에 민감하다. 아침에 어떤 음악과 함께 일어나느냐에 따라 그날 하루를 시작하는 각오가 다르다. 새벽에 듣는 음악은 왠지 감상적인 기분에 빠지게 해 이유 없이 눈물이 나기도 한다. 이런 식으로 오디오 콘텐츠는 사람들에게 몰입을 선사한다. 현재 내가 놓인 상황과 느끼는 감정에 집중해 더욱 빠져들게 한다. 요즘 뜨고 있는 플레이리스트들은 가수나 장르에 따라 곡을 모은 게 아니라 상황과 컨셉에 맞는 곡을 모아놓았다. 무협지에 들어간 것 같은 동양풍 곡들 또는 내가 바로 영국 귀족인 것처럼 느껴지는 곡들을 플레이리스트로 만들어 공유하고 소비한다.

> "음악 들으니깐 막 내가 귀족 된 것 같구 당장이라도 드레스 입어야
> 할 기분이라 너무 좋더라"
> "공부할 때 들으면 내가 바로 교양 쌓는 귀족이구, 잠자기 전에 들으
> 면 꿈에서 왈츠 출 것 같더라"

몰입을 이야기하면서 ASMR 콘텐츠를 빠뜨릴 수 없다. 백색소음, 빗소리, 물소리, 새소리, 조용히 말하는 소리, 먹는 소리 등 멜로디가 아닌 반복적인 소리나 자연의 소리를 지칭하는 ASMR은 일상의 루틴과 연결되어 있다. 미라클모닝 챌린지를 위해 새벽 5시에 일어나서 바닥에 요가 매트를 깔고 정좌한 채 명상 ASMR과 함께하는 명상 씬, 자기 전에 라벤더 룸스프레이를 뿌리고 빗소리 ASMR을 블루투스 스피커로 틀어놓는 숙면 루틴 씬, 책상에 필기도구와 교재를 준비하고 노트북으로는 호그와트 도서관 ASMR을 틀어서 공부 세팅을 완료하는 씬 등, ASMR 콘텐츠는 환경을 조성하는 도구

〈'오디오북' 언급 추이〉

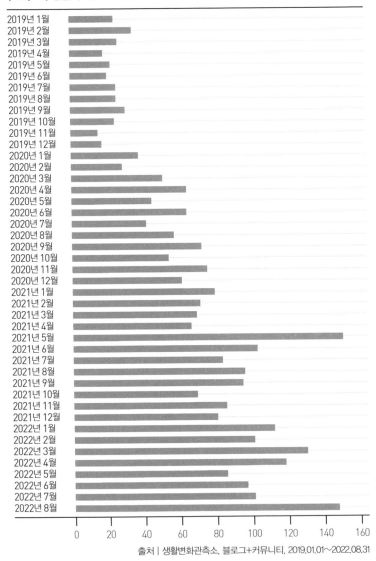

출처 | 생활변화관측소, 블로그+커뮤니티, 2019.01.01~2022.08.31

다. 멜로디나 가사가 없으므로 콘텐츠에 집중력을 빼앗기지 않은 상태로 내가 하는 일에 몰입하게 해주는 목적성을 가진다.

영상 콘텐츠뿐 아니라 듣는 콘텐츠에서도 멀티태스킹은 중요하게 나타난다. 시선을 주지 않고 듣고만 있어도 콘텐츠를 소비할 수 있으니 오히려 더욱 적합하다고 볼 수 있다. 이동 중, 일하는 중, 운동 중, 공부하는 중, 가사 중, 심지어 수면 중에도 소비가 가능하다.

이러한 오디오 콘텐츠의 효율은 오디오북을 통해 확인할 수 있다. 2019년 대비 오디오북의 월별 언급량이 4.7배 증가했다. 높아진 관심은 실제 생활에서도 관찰할 수 있다. 오디오북 브랜드가 네이버 오디오클립에 이어 윌라, 스토리텔과 밀리의서재까지 다양해지면서 이용하는 소비자층도 넓어지고 있다.

그렇다면 왜 팟캐스트가 아니라 오디오북일까? 둘 다 가벼운 콘텐츠로 멀티태스킹하며 들을 수 있다는 공통점이 있다. 그러나 오디오북은 소소하게나마 지식을 쌓는 뿌듯함을 선사해준다. 여전히 '독서량=지식량'이라는 기준이 살아 있는 사회에서 오디오북은 직접 읽어야 하는 종이책이나 전자책보다 편하고, 개인에게 주는 가치는 팟캐스트보다 크다.

"4개월 동안 오디오북으로 책을 17권 읽었다 원래 음악 안 들으니까 대중교통 이용할 때 설거지 빨래 요리 등 집안일 할 때 심지어 일할 때도 ㅋㅋ 생각 없이 계속 틀어놔서 한 대여섯 권 읽었나 싶었는데 생각보다 진짜 많이 들었네"

오디오북은 자투리 시간도 허투루 보내지 않고 밀도 있게 사용하고 싶은 사람들의 니즈를 대변한다. 시간을 효율적으로 사용하게 해주는 콘텐츠이기에 사람들의 관심을 꾸준히 받는 것이다.

듣는 콘텐츠 영역 중에는 코로나로 인해 새롭게 생겨난 것도 있다. 바로 쌍방향 소통이라는 가치를 띤 콘텐츠다. 많은 이들이 재택근무나 온라인 수업을 하면서 줌(ZOOM)이나 구글미츠라는 화상통화 플랫폼을 처음 접했을 것이다. 그러면서 화상통화 플랫폼에 점점 익숙해지고, 개인 용도로는 사용하지 않던 사람들도 집합금지 명령 이후 친구나 가족들과 소통하는 데 사용하기 시작했다. 1대 1로 하는 카카오톡 영상통화와 달리 여러 명을 한 번에 볼 수 있으며, 다같이 술을 마시거나 영화를 보거나 같이 액티비티를 할 수 있다는 것이 장점으로 여겨졌다.

클럽하우스도 있다. 코로나가 한창이던 2020년 4월에 선보인 클럽하우스는 인스타그램 같은 사진과 비주얼 중심의 SNS가 아니라 철저히 오디오 기반의 SNS다. 강연자 위주로 운영되는 방에 들어가서 내용을 청취해도 되고, 비슷한 취향에 관해 이야기하는 방에 들어가서 함께 의견을 나눠도 되는 등 다양한 콘텐츠를 소비하면서 나도 말을 하고 참여할 수 있다.

이처럼 듣는 콘텐츠에 대한 관심이 높아지면서 영역을 확장해가는 와중에, 코로나를 계기로 커뮤니케이션이라는 새로운 콘텐츠가 등장했고, 공적인 일에만 쓰이던 것을 넘어 이제는 사적인 영역의 엔터테인먼트를 위해서도 쓰이고 있다.

플랫폼과 디바이스, 소비자를 생산자로 만든다

사람들은 기본적으로 콘텐츠의 소비자다. TV로 드라마를 봤을 때도, 그러다 넷플릭스로 옮겨갔을 때도 여전히 모두가 소비자였다. 수면 위에 드러나는 생산자는 소수의 직업적 창작자뿐이었다. 물론 생산자가 아예 없었던 것은 아니다. 옛날부터 일기를 블로그에 올리거나, 덕질을 위해 글을 쓰거나 그림을 그리는 등 소소하게 존재하기는 했다. 하지만 대중에게 두루 소비되기에 적합한 콘텐츠는 아니었고, 이들이 주목받을 수 있는 채널도 부족했다.

유튜브의 등장은 생산자와 소비자의 차이를 급격하게 좁혀 누구나 소비자이면서 생산자가 될 수 있는 기회와 공간을 제공했다. 이 좁혀진 간극은 영상 시장뿐 아니라 문학과 예술 시장에서도 나타났다. 카카오페이지, 리디북스 등의 웹소설 플랫폼과 네이버 웹툰, 카카오 웹툰 등의 웹툰 플랫폼을 통해 가볍고도 색다른 콘텐츠가 인기를 끌면서, 문단이나 예술계에 데뷔해 '작가'가 되지 않고도 충분히 나의 작품을 세상에 선보이고 인정받을 수 있는 길이 열렸다. 이런 식으로 소비자와 생산자의 간극이 좁혀지면서 생산자를 바라보는 경외심과 허들이 낮아지고 있다. 생산자에 대한 존중과 인정은 여전하지만 '내가 과연 할 수 있을까?'라는 식의 두려움은 확실히 줄어들었다.

나의 방송을 라이브로 스트리밍할 수 있는 트위치는 생산자가 손쉽게 본인을 어필할 수 있는 공간이다. 장르를 가리지 않고 생방송

새로운 소유방식

이기만 하면 스트리밍을 할 수 있는 만큼 게임하는 모습, 그림 그리는 모습, 아니면 그냥 팬들과 이야기 나누는 모습 등 다양한 라이브 방송이 진행된다. 특히 코로나로 자가격리를 해야 했던 시기, 외국에서는 트위치에 새로 도전하는 사람들이 늘어났으며 이것이 나를 증명하는 역할을 했다. 집에 가만히 있으니 생산적인 취미를 하며 그것을 세상의 불특정 다수가 볼 수 있도록 오픈해두어 나의 존재를 알리는 포털이 트위치였다.

내 존재의 인증, 생산력의 증명은 지금도 이어지고 있다. 내 방송을 봐주는 사람이 몇천 명이 될 수도 있지만, 설령 19명뿐이라도 나의 라이브 방송에 흥미를 가져주고 같은 온라인 공간에서 동일한 시간대를 보내고 있다는 사실이 중요하다.

생산자가 늘어나고 창작에 더 쉽게 접근할 수 있다는 트렌드는 디바이스에도 영향을 주고 있다. 나의 방송을 남들에게 보여주기 위해서는 나의 목소리를 전달하고, 나의 콘텐츠를 보여주고, 때로는 나의 얼굴까지 드러내야 한다. 그리고 생방송이므로 이 3박자의 타이밍이 맞아서 싱크로나이즈가 되어야 한다. 이에 따라 사람들이 고려하는 디바이스의 기능도 달라지고 있다. 같은 헤드폰이라도 마이크의 음질이 좋은지를 더 따지고, 웹캠의 화질보다 나의 움직임에 따라 자동으로 줌인과 줌아웃을 하는지 고려하고, 노트북이 소리의 인풋과 아웃풋을 관리하는 프로그램을 충분히 돌릴 수 있는 사양인지도 따진다.

관심은 디바이스뿐 아니라 주변 액세서리 시장으로 계속 확장된다. 흔히 '유튜브 조명'이라 하는 하얀 조명을 모니터 뒤에 설치해서 얼굴을 밝게 해주는 건 필수이며, 나의 방이 배경으로 노출되는 경우를 대비해 방을 감각적으로 꾸며서 그것을 인증하는 모습까지가 생산자의 역량을 보여주는 한 부분이다. 생산자가 감안할 부분이 늘어나면서 전자기기만이 아니라 인테리어까지 다양한 산업에 영향을 주고 있다.

트위치가 생산자들이 효율적으로 영상을 공유할 수 있는 장이라면, 유튜브는 영상의 장르를 넓혀준 장이다. 과거에는 드라마, 영화 등 완성도 높은 스토리가 있는 영상을 봤지만, 유튜브의 등장으로 이제는 반려동물이 귀엽게 행동하는 클립부터 게임하는 영상과 제품 리뷰까지 영상 콘텐츠 영역에 제한이 없어졌다.

장르에 제한이 사라지면서 생산자 또한 제한이 없어졌다. 열 살 아이가 휴대폰으로 친구와 스케이트보드 타는 것을 찍어서 올려도 그 영상을 소비해주는 누군가가 있을 것이고, 주부가 단골 카페에 가는 브이로그를 찍어서 올려도 누군가는 공감해줄 것이다. 그래서 더욱 많은 이들이 용감하게 자기만의 콘텐츠를 올려서 한 명의 생산자임을 증명해내고 있다.

얼마 전에 IT 관련 제품을 리뷰하는 테크 유튜버 '잇섭'이 올린 영상이 화제가 됐다. LG전자의 스탠바이미 TV와 유사한 외형의 기기를, 40만 원이나 저렴한 비용으로 직접 제작하는 과정을 보여줬다. 삼성 M7 모니터와 사제 스탠드, 바퀴로 만든 이 '삼탠바이미'가

화제가 된 이유는 단순히 비용이 저렴하거나 신기해서가 아니라, 사람들이 똑같이 따라서 제작했기 때문이다.

"잇섭님 유툽에서 삼탠바이미 동영상이 떴길래 흥미롭게 보았다. 모니터는 삼성 M5, M7 27인치 32인치 중 아무거나로 준비! 오늘 두 제품 다 배송이 왔길래 바로 조립! 조립은 아주 간단!
1. 먼저 tv 뒤에 브라켓을 볼트 체결!
2. 스탠드 받침대랑 봉이랑 렌치 체결!
3. 파워선을 밑구멍에 넣어 윗구멍을 빼놓기!
...
모니터 소리도 빵빵하고, 일반 TV처럼 넷플릭스, 유튜브 쌉가능! 진짜 가성비 최고인듯요! 이상 짭탠바이미, 삼탠바이미 조립 후기였습니다!"

한 유튜버가 생산한 콘텐츠를 많은 이들이 소비하고, 소비자는 그 내용을 따라 블로그에 기록으로 재생산한다. 그러면 누군가는 유튜브는 안 봤지만 이 블로그 글을 읽고 소비하여 또 생산해낸다. 이런 구조가 이어지면서 콘텐츠가 확산되고, 모두가 소비자인 동시에 생산자인 선순환이 일어난다.

소비자에서 생산자로, 생산자에서 소비자로 순환되는 경우가 또 있다. 이번에는 게임 콘텐츠의 재해석과 재개발이다. 마인크래프트는 오늘날 가장 다양하게 재해석되고 있는 게임이다. 채광과 제작을 기본으로 하는 게임이지만, 그 안에서 건축, 사냥, 농사, 채집, 싸움, 탐험 등 원하는 것은 무엇이든 할 수 있도록 가능성이 열려 있다. 보통의 이용자들은 혼자 집을 열심히 증축하거나 친구들과 시간을 맞춰 탐험하는 식으로 주어진 게임 환경 내에서 콘텐츠를 소비한다. 반면 어떤 사람들은 마인크래프트라는 플랫폼을 이용해서 직접 자기만의 콘텐츠를 생산한다.

'조매력'이라는 유튜버가 개최한 마인크래프트 노트블록 경연 대회도 그러한 예다. 게임 내에서 소리를 만들어내는 '노트블록'을 이용해 일정 기간 안에 주제에 맞는 곡을 재현하는 대회다. 영화 〈위대한 쇼맨〉의 OST부터 지브리 애니메이션 OST까지 다양한 음악을 표현해내는 참가자들의 작품을 감상하노라면 저절로 감탄하게 된다. 음악뿐 아니라 건축 대회를 여는 사람들도 있고, 시간 내에 퀘스트를 깨야 하는 서바이벌 게임을 만든 사람들도 있다. 이렇게 주제를 정하고, 참가자를 모으고, 기간을 설정해서 이벤트를 주최하는 사람들은 게임의 소비자이면서 동시에 마인크래프트라는 오픈된 게임을 자기만의 방식으로 해석하고 활용하여 콘텐츠를 창작해낸 생산자다.

사람들은 디바이스나 플랫폼은 물론 콘텐츠 또한 단순히 소비하고 끝나는 것이 아니라 창의력을 발휘해 더 재미있고, 더 감각적이고, 더 많은 사람들과 공감할 수 있는 콘텐츠를 제작하고 있다. 그리고 이런 콘텐츠에도 소비자들은 아낌없이 반응해주고 있다.

창의력을 발산하는 것이 중요한 현재,
1차적인 콘텐츠(기업에서 출시한 콘텐츠)보다
개인의 창의성을 발휘한
2차적인 콘텐츠(1차적인 콘텐츠의 활용)가
더욱 중요해질 것이다.

개인화, 다양화, 세분화, 돌아갈 일은 없을 것이다

디바이스 소비의 트렌드를 한마디로 정리하면 개인화, 다양화, 세분화다. 다같이 공유하던 디바이스가 개인의 디바이스로 진화하고, 한 사람이 소유하는 디바이스의 종류가 많아지며, 같은 디바이스 안에서 목적에 따라 전문화된 세부 기기를 갖춘다. 여기에 코로나로 새로운 상황을 경험하게 된 사람들의 삶이 디바이스 사용에 영향을 미치면서 진행 중이던 변화를 더욱 빠르게 와닿게 했다.

코로나라는 특수 상황이 종식된다고 해도, 재택근무나 온라인 수업을 경험하는 사람들이 줄어든다고 해도, 이미 시작된 변화는 앞으로 더 진화할 뿐 옛날로 돌아가지는 않을 것이다. 한번 나의 개인 태블릿이 된 이상 다시 가족과 공유하려는 마음은 들지 않을 것이며, 아무리 사용이 뜸해진다 해도 언제까지나 나만의 태블릿일 것이다. 그리고 개인화된 기기는 개인의 '애착' 디바이스로 점점 강화될 것이다.

이처럼 디바이스를 대하는 태도, 사용하는 상황, 부여하는 가치가 달라지면 소비의 기준 또한 변화할 것이다. 디바이스가 개인의 반려와 애착 대상이 될수록 얼마나 내 입맛에 맞게 커스터마이징할 수 있는지가 중요해질 것이며, 용도에 따라 세분화된 디바이스는 얼마나 효율적으로 그 목적을 달성해줄 수 있는지를 고려할 것이다.

콘텐츠의 트렌드도 디바이스와 상호작용하며 함께 확장해가고 있다. 보는 것에서 듣는 것으로, 소비자에서 생산자로 무게중심이 조금씩 이동하고 있다. 사람들의 취향이 성숙해지고 뾰족(niche)해짐에 따라 그에 맞는 콘텐츠를 찾아 나서고, 없으면 직접 만들어내기까지 한다. 소비자라는 역할에 머물지 않고 취향에 맞는 콘텐츠를 만들어낼 수 있다는 자유감은 앞으로 콘텐츠의 갈래를 더욱 확장시킬 것이다.

그렇다면 미래에는 기존의 생산자가 보유하고 있던 전문성은 사라질 수도 있지 않을까. 나의 취향에 관한 한 누구도 아닌 내가 전문가이니 말이다. 내가 생산해내는 콘텐츠도 충분히 전문성을 띨 수 있는 날, 모두가 어떤 방면에서는 소비자와 생산자의 역할을 동시에 하는 날이 그리 멀지는 않았을지도 모른다.

1. 디바이스는 상황과 니즈에 맞춰서 역할이 분명하도록 설계되어야 한다.

노트북이 게임용이라면 퍼포먼스에 맞춰서, 업무용이라면 멀티태스킹이 가능하게, 온라인 수업용이라면 카메라와 마이크의 성능이 빵빵하게, 각각의 용도에 맞는 전문성을 띠어야 한다.

2. 스크린뿐 아니라 오디오 콘텐츠, 그중에서도 듣고 말하는 쌍방향 콘텐츠의 성장을 눈여겨보자.

보고 듣는 것을 소비하는 콘텐츠(넷플릭스)에서 나의 메시지를 남에게 전달하고 소통할 수 있는 콘텐츠(트위치)로 진화하고, 사람들의 취향도 성숙해지고 있다.

3. 콘텐츠를 제작할 때 소비자가 직접 참여할 수 있는 가능성을 열어두어야 한다.

사람들이 콘텐츠나 제품의 소비자에 멈춰 있지 않고 언제든 생산자의 역할을 같이 할 수 있다는 점을 염두에 두고, 재생산이 가능하도록 제작해야 한다.

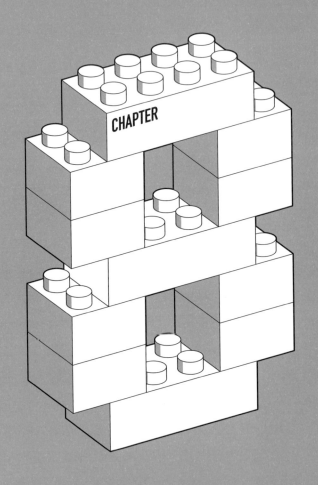

구독, 자신만의 유니버스를 소유하는 방식

정석환

"소개팅 앱으로 처음 만난 사람하고 이야기 나누다가 구독 리스트 보고 소름 돋을 정도로 비슷해서 그때부터 극호감이었음ㅋㅋㅋ 친구들하고도 안 비슷한데!"

어떤 사람과 구독 리스트가 완벽하게 같을 수 있을까? 플랫폼 단위는 같을 수 있겠으나 그 안의 채널/콘텐츠 단위로 간다면 불가능에 가까울 것이다. 콘텐츠는 쏟아질 정도로 많고, 개인의 선호는 고유하기 때문이다.

지금은 '나'를 표현하는 게 너무나 중요한 시대다. 과거에 나를 말하기 위해서는 내가 속한 사회나 집단을 말하면 됐지만, 이제는 모두가 다른 위치에서 제각각의 방식으로 '나'를 표현한다. '○○에 진심인 사람', '○○덕후', '○○하는 사람', '○○일차' 등 소셜미디어만 보아도 다양한 신호를 보내며 자신이 누군지 말하고 있다. 내가 사는 것, 입는 것, 먹는 것, 내가 구독하는 대상, 나를 구독하는 팔로어 등이 모두 기록되고, 그것들의 총화가 나를 대변한다.

〈'구독' 언급 추이〉

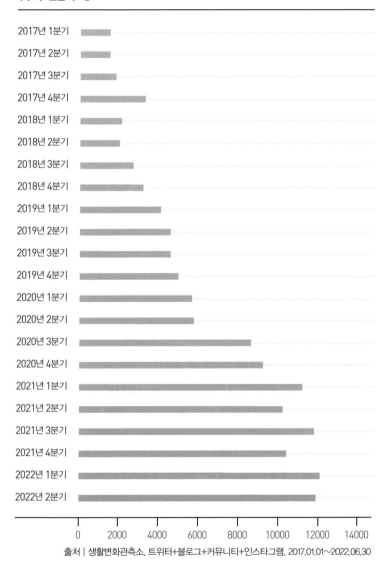

2017년 1분기	
2017년 2분기	
2017년 3분기	
2017년 4분기	
2018년 1분기	
2018년 2분기	
2018년 3분기	
2018년 4분기	
2019년 1분기	
2019년 2분기	
2019년 3분기	
2019년 4분기	
2020년 1분기	
2020년 2분기	
2020년 3분기	
2020년 4분기	
2021년 1분기	
2021년 2분기	
2021년 3분기	
2021년 4분기	
2022년 1분기	
2022년 2분기	

0   2000   4000   6000   8000   10000   12000   14000

출처 | 생활변화관측소, 트위터+블로그+커뮤니티+인스타그램, 2017.01.01~2022.06.30

새로운 소유방식

글이 많이 쌓인 블로그를 보면 그 사람의 세상이 보인다. 인스타그램 피드에도 그 사람이 만든 세상이 보이기 마련이다. 나름대로 각자의 유니버스인 것이다.

또한 우린 넷플릭스, 스포티파이, 유튜브 등의 거대 플랫폼을 구독하며 타인의 취향도 끊임없이 엿보고 교류하고, 새롭게 얻은 취향과 안목을 각자의 보관함과 리스트에 추가하여 유니버스를 다듬고 있다. 구독은 그렇다면 하나의 방식이다, 자신의 유니버스를 소유하는 방식.

이제 가까운 미래에 당신의 구독자가 생기는 시대가 올 것이다. 팔로어와 다른 점은 당신에게 구독료를 지불한다는 것이다. 그렇다면, 당신도 매체인가? 이 명제를 살펴보기 위해 구독을 둘러싼 담론과 돈, 소유 등 여러 가지 사회 변화를 살펴보려 한다.

구독으로 취향과 안목을 소유한다

경제적 관점에서 볼 때 구독의 결제방식은 독특하다. 일정 금액을 매달 지불하고 그 기간만큼 플랫폼이 제공하는 콘텐츠나 서비스에 대한 접근권한을 얻는다. 오늘날에는 우유, 신문을 넘어 옷, 커피, 꽃, 면도기, 심지어 자동차도 구독이라는 지불방식을 활용하는 추세다.

그중에도 구독을 말하며 사람들이 가장 많이 언급하는 것은 유튜브, 넷플릭스, 책, 블로그다. 이들을 제외한 구독 연관 품목들은 아직 "이런 것도 구독이 가능하다던데?"의 맥락에 머물고 있다. 여러 산업 및 제품들이 구독 서비스를 개시했지만 디지털 콘텐츠가 구독 모델에 가장 앞서 있는 상황이다. 기타 산업은 디지털 콘텐츠들의 성공을 관찰하며 기회를 엿보는, 선구자의 주위를 맴도는 위성처럼 존재하고 있다.

구독의 출발은 유튜브였다. 유튜브가 구독이라는 말을 일상에 자리잡게 했는데, 유튜브의 구독에는 채널 주인과 구독자와의 관계만 있을 뿐 금전적인 거래는 없다. 그런 구독에 지갑까지 열게 한 것은 넷플릭스다. 구독의 데이터 추이도 넷플릭스로 대표되는 OTT의 성장과 비슷한 시기적 패턴을 보여준다.

영화를 영화관에서 본다면 시간대와 상영관, 자리에 따라 차이가 있지만 대체로 티켓당 1만 원에서 2만 원 사이를 지불해야 한다. 반면 넷플릭스는 프리미엄 요금제를 기준으로 월 1만 7000원이며, 동시접속 가능 인원이 4명이므로 이를 나누어 낸다면 인당 4000원 조금 넘는 금액이 된다. 물론 거대한 공간감을 제공하는 영화관과 OTT를 금액만으로 비교할 수는 없다. 하지만 4000원을 지불하여 얻는 것이 거의 무한에 가까운 영화와 드라마라는 사실을 감안하면, 무형의 상품을 구독한다는 낯선 지불방식도 넘기 쉬운 허들이 된다. 영화감상에는 최신작을 보는 즐거움도 물론 크지만, 과거작품의 N차 관람, 시리즈 몰아보기, 취향 발굴 등 다양한 즐거움이 있다. 심지어 최근에는 넷플릭스에서 개봉하는 작품도 적지 않다.

〈'OTT' 언급 추이〉

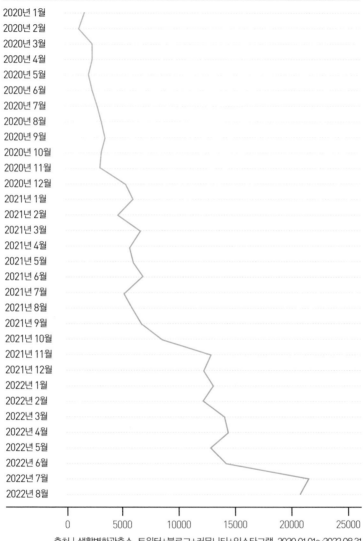

출처 | 생활변화관측소, 트위터+블로그+커뮤니티+인스타그램, 2020.01.01~2022.08.31

기존의 관행과 비교할 때 구독이라는 새로운 지불방식으로 체감할 수 있는 효용이 결코 작지 않다.

넷플릭스 이전엔 손에 잡히지 않는 제품에 매달 돈을 지불한다는 발상이 낯설었다. 얼마를 내야 합리적인지 기준도 없었다. 지금은 어떤가? 월 구독료 10만 원도 가능해 보인다. 이것이 가능한 이유는 경제적 요소보다 더 중요한 것이 구독에 있기 때문이다. 즉 취향과 안목에 대한 소유감을 준다는 것이다. 그리고 그 밑바탕에는 소유 개념의 변화가 있다.

소유의 재정의 : '필요'에서 '취향'으로

소유 개념의 흐름을 되짚어보려면 레코드판, 바이닐이라고도 불리는 LP를 모으는 이들이 많던 시대를 떠올려보면 좋다. LP를 모으는 사람들은 대단했다. 수십 장, 수백 장을 넘어 수천 장 심지어 수만 장을 수집하는 사람들이 꽤나 있었다. 그러다 1990년대 초를 기점으로 초기 디지털 시대의 상징적 산물인 CD가 양산되면서 LP는 음악을 듣기 위한 '필요'의 우선순위에서 밀려났다. 즉 소유 행위의 핵심으로 여겨졌던 '재생'이라는 가치 하나가 더 좋은 성능과 편리함을 제공하는 CD로 대체된 것이다.

그런 LP가 최근 다시 부상하고 있다. 소셜데이터상에서 너무나 명징하게 LP가 상승하고 있다. 실제로 한국만이 아닌 전 세계에서 LP 시장이 수십 년 만에 호황을 맞이했다고 한다. LP는 자신을 나락으로 보낸 CD의 판매량을 처음으로 역전하며, 잠시의 유행을 넘어

〈'LP' 언급 추이〉

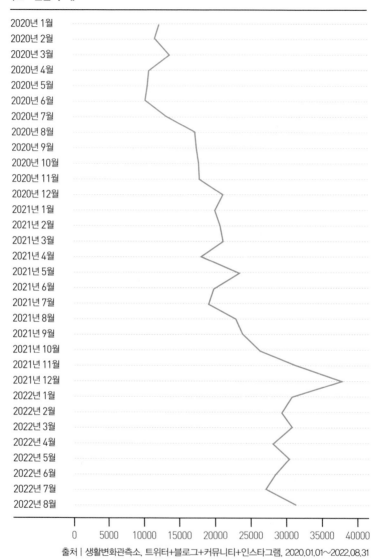

음악 경험의 끝판왕에 등극하려는 행보를 보이는 중이다.

영국에서도 LP가 기록적인 판매량을 보여주고 있다. 재미있는 사실은 몇 년 전 BBC에서 조사한 결과, LP를 구매하는 사람 중 턴테이블에 LP를 재생하는 사람은 52%, 턴테이블이 있지만 사용하지 않는 사람은 41%, 심지어 턴테이블이 아예 없는 사람도 7%나 된다는 것이다. 일상적으로 턴테이블에 돌려 재생할 목적이 아니기 때문에 포장지 그대로 보관하며 수집하는 씬이 소셜미디어에서도 심심치 않게 나타난다. 소유의 의도가 바뀐 것이다. LP를 구입하는 마음, LP 구매 전후의 경험, LP 사진을 인스타그램에 올리는 행위, 턴테이블에 돌아가는 LP를 보며 멍 때리는 시간, LP를 모아두고 전시하는 공간 등, LP를 둘러싼 이 모든 취향의 총화가 '나는 LP를 사랑하는 사람'이라는 정체성을 만들어낸다.

LP만이 아니라 최근 많은 물리적 소유가 '필요' 외의 경험과 감각을 위해 이루어지고 있다. 물질이 풍요하다 못해 가짜도 진짜만큼 그럴듯해진 오늘날, 탐나는 건 물질이 아니라 취향 묻은 정체성이다. 그에 따라 소유하려는 것은 물질 이상의 취향 그 자체가 된다. 취향이 이 시대의 '필요'인 셈이다.

"LP를 사기로 결정하고 사러 가는 추억과 여정 모두 소중하다. 이제는 인테리어까지 도와주는 LP. 삶에 너무 큰 힘이 된다. #LP #Vinyl #LP수집가 #음반수집가"

물질이 풍요로운 시대,
정체성이 탐나는 시대라면
이제 취향이 곧 '필요'다.

구독으로 취향을 '거의 전부' 소유할 수 있다

손에 잡히지 않는 것을 소유한다는 게 어색해 보일 수 있으나, 사실 그리 낯선 개념이 아니다. '예술품을 보는 안목'과 '개인의 취향' 등은 '소유'라는 단어와 묶이기에 어색하지 않다. 하지만 안목과 취향 등을 얻는 '구독'이라는 방식은 비교적 신개념이다. 과거의 구독이 주로 우유와 신문이었던 것을 떠올리면 특히 그렇다.

넷플릭스, 유튜브를 비롯한 신개념 구독 플랫폼은 한마디로 해당 영역의 '거의 모든 것'을 모아둔 장터라 할 수 있다. 덕분에 안목과 취향을 얻기 위한 개인의 수고가 과거에 비해 많이 줄었다. 사람들은 그곳에서 다양한 작품을 경험해보며 본인만의 리스트를 만들고, 타인의 리스트도 참조해가며 자신만의 취향 유니버스를 기존에 없던 방식으로 단단히 빚어간다.

취향은 보통 '디깅(digging)한다'고 한다. 더 깊이 파고들고, 더 원하고, 더 향유하고 더 소유할수록 타인과 차별화돼 고유성을 띤다. 노동보다 창의가 중시되는 오늘날의 취향은 과거에 어른들이 "기술이나 배워라" 할 때의 '기술'과 같은 것이어서, 소유하고 활용하면 돈이 된다. 창의가 곧 경제인 지금, 독자적인 취향의 유니버스를 보유하고 있다는 것은 잠재적인 경제자산을 가진 것과 다름이 없다. "유튜버가 직업이라고?"라고 반문하던 시절은 지나고, 이제는 직업이 유튜버라고 하는 순간 그 사람에게서 부의 아우라가 느껴지기까지 한다.

세대에 대해 분석하다 보면 젊은 세대에게 '남다름'이 얼마나 중요한 가치인지가 강하게 드러나곤 한다. 선호하는 직업은 더 이상 의사나 변호사가 아니라 '크리에이터', '유튜버', '아티스트'다. 안정성이 중요했던 기성세대에게는 남다름이 너무 큰 리스크이지만, 안정성보다 남다름을 추구하는 지금 젊은 세대에게 중요한 것은 취향이다. 그리고 손에 잡히지도 보이지도 않는 이 말랑한 지점을 구독이 상당 부분 도와준다.

나의 음악 취향이 힙합과 R&B라고 해서 세상에 나온 모든 힙합과 R&B 앨범을 살 수는 없지만, 스포티파이를 구독하면 거의 모든 힙합과 R&B 음악을 소유할 수 있다. 마찬가지로 나의 취향이 판타지 영화라면, 판타지 장르의 모든 비디오나 DVD를 소유하지는 못한다 해도 넷플릭스나 기타 OTT 서비스를 통해 전부에 가까운 양을 소유할 수 있다. 넷플릭스는 세상 모든 영화를 모으지는 않지만, 역설적으로 그렇기에 그 울타리 내에서 넷플릭스가 모은 것에 대해서는 전부 소유 가능하다.

나아가 구독 플랫폼에는 많은 사람이 모여 있으므로 그들이 만든 데이터를 기반으로 고도화된 취향 알고리즘을 설계할 수 있다. 사람들은 같은 플랫폼에 모인 타인의 취향을 보면서 한층 깊게 취향을 디깅한다.

"멋진 서재를 가지는 것이 버킷리스트일 만큼 책을 모으는 것을 좋아했다. 왜 좋아 '했다'냐고? 일단 물리적인 한계에 부딪혔다. 책이 늘어나는 속도를 책을 저장할 공간이 늘어나는 속도가 따라잡지 못했다.

취향으로 가득 찬 개인의 정체성은
창의가 유리한 오늘날 가장 쓸모 있는 소유물이다.

책들이 책장 사이사이에 몸을 구겨넣기 시작했다. 갈 곳이 없어 책상 위에, 콘솔 위에 쌓였다. 책이 책 대접을 못 받게 되고 말았다… 공간의 한계란… 내게 전자책 구독은 혁신이 아니라 혁명이었다. 원하는 모든 책들이 있는 것은 아니었지만 장소의 제약 없이 스마트폰이나 태블릿 pc만 있으면 책을 읽을 수 있다는 것이 어찌 좋지 아니하겠나. 게다가 책장이… 책장이 필요 없다니!!! 사지도 않고 책을 찍먹(?)할 수 있다니!! #전자책 #종이책 #밀리의서재 #독서"

구독은 지불방식이 아닌 관계방식이다

구독은 단 한 번의 거래로 끝나지 않고 좀 더 긴 관계를 유지하겠다는 약속과 같다. 플랫폼과의 관계나 그 안에 모인 사람들과의 관계 모두에서 말이다. 이 점을 고려할 때, 구독 플랫폼의 핵심은 사람을 모으는 데 있고, 구독 이탈을 막는 해법은 모인 그들을 만나게 하는 것이다.

생활변화관측소에서 제공하는 브린 서비스 중 2022년 5월 2주차 7위에 오른 브랜드는 '왓챠'다. 왓챠는 고유한 언어로 화제가 되었다. 왓챠피디아는 한마디로 영화 추천 서비스인데, 개인이 본 영화를 평가하고 코멘트를 남길 수 있다. 남기면 남길수록 알고리즘이 나의 취향을 정밀하게 분석해주고 내가 좋아할 만한 영화를 추천해주는데, 이때 이들의 언어가 등장한다. 'TODAY'S PICK' 같은

<2022년 5월 2주차 브린 스코어 순위>

	브랜드명	이슈 키워드	주요 채널	스코어	산업군
1	BC카드	먹통	커뮤니티	76.2	금융
2	아베다	인바티	인스타그램	72.52	뷰티
3	입생로랑	뱀뱀	트위터	71.34	뷰티
4	G마켓	빅스마일데이	인스타그램	70.44	유통
5	IFC몰	디페스타	트위터	68.97	유통
6	포트리반	현대리바트	인스타그램	68.77	리빙
7	MSI	경기	블로그	68.65	가전
8	**왓챠**	**언어**	**트위터**	**68.47**	**콘텐츠**
9	이삭토스트	티데이	커뮤니티	68.42	식음
10	비스포크	야구	트위터	68.04	가전

출처 | 생활변화관측소, 2022.05.09~2022.05.15

기계적 표현 대신 "재밌게 보신 작품과 비슷해요"와 같은 인간적인 언어로 말을 건넨다.

나아가 단순 추천을 넘어, 그 데이터를 토대로 나름의 결과물을 시각화해준다. 예를 들어 내가 남긴 평점을 토대로 '#가공의세계 #철학적인 #사이버펑크 #포스트아포칼립스' 등의 분석결과를 도출해 취향을 통해 본 나의 정체성을 알려주는 식이다. 평점이 쌓일수록 견고해지는 나의 정체성을 바라보는 재미가 있다.

또 다른 재미는 방구석 평론가 놀이다. 영화마다 이동진 평론가

왓챠피디아 〈기생충〉 코멘트

처럼 멋있게 한줄평을 명징하게 직조[1]해낼 수 있다. 타인의 평가를 살펴보노라면 한 번 보고 끝나는 영화의 소비 여정이 한층 연장되는 느낌을 받는다. 이것은 영화를 사랑하는 사람들을 모아두고 만나게 한 왓챠피디아만이 만들 수 있는 문화인데, 여기서 이상적인 구독 플랫폼의 형태가 드러난다. 바로 콘텐츠를 모으는 데 머물지 않고 사람들과 만나고 타인의 취향을 보고 연결될 수 있다는 점이다.

콘텐츠를 많이 모아두는 것만이 능사가 아니다. 구독 플랫폼이 제공할 수 있는 특별한 가치 중 하나는 사람과의 연결을 통해 내 유니버스를 견고하게 만드는 것이다. 많은 것을 모아두고 거래를 유도하는 방식보다, 탐구를 원하는 사람들을 연결함으로써 개인의 유니버스 구축을 돕는 것이 구독의 핵심이다.

---

1) 이동진 평론가의 왓챠피디아 내 〈기생충〉 한줄평의 오마주

유니버스를 채우는 여정, 구독의 세 유형

구독은 다양하다. 현재는 무형의 디지털 콘텐츠를 구독하는 방식이 가장 이상적인 모델로 여겨지지만, 현실세계에는 다른 구독 형태도 엄연히 존재한다. 크게 3가지로 나눌 수 있다.

1. 필요와 고충을 해결해주는 구독

첫 번째는 정기배송이다. 우유와 신문부터 식재료와 일상 소모품 등 많은 품목이 정기배송 형태의 구독 서비스를 한다.

우리에게 익숙한 만큼 정기배송을 단순하게 생각하기 쉽지만, 사

〈구독의 종류〉

구독의 종류	소유의 종류	얻는 것	목적
물 정기배송 식재료 정기배송 소모품(면도날, 칫솔 등) 정기배송 …	물질의 소유	편리함 자동화 경제적 혜택	생활의 필요를 충족
꽃 와인 차 …		취향과 안목	취향의 탐색
넷플릭스 왓챠 유튜브 뮤직 스포티파이 …	권한의 소유	정체성	취향 유니버스

실 그렇지 않다는 데 정기배송 구독의 미묘함이 있다. '면도는 매일 하니까 면도날을 귀찮게 매번 사느니 구독으로 정기배송을 해주면 편하지 않을까?', '자취생은 정수기를 설치하기 쉽지 않으니, 생수를 구독해서 정기배송을 하면 편하지 않을까?' 이처럼 개인의 일상 루틴 일부분을 자동화해주는 구독 비즈니스를 구상할 수 있다. 하지만 실제로는 24시간 영업하는 집 앞 편의점의 접근성과 새벽 도착을 보장하는 로켓배송의 편리함을 대체하지 못했다.

게다가 정기배송을 이용하려면 다음 배송 전까지 지금 쓰는 물건을 다 소진해야 하는데, 자취생이나 1인가구가 계획한 일정대로 완벽하게 소비하기란 결코 쉽지 않다. 이들이 느끼는 압박감은 매번 계획적으로 물건을 조달하는 것보다는 처리하는 데 있는 셈이다.

오히려 '처리'의 고충을 해소해주는 구독은 말이 된다. 예컨대 런드리고나 세탁특공대와 같이 빨래를 해결해주는 서비스는 소셜데이터에서 반응이 나타난다. 런드리고는 '빨래 없는 생활 ○○일차'를 카운트해주는데, 여기에는 빨래를 넘어 삶의 고충을 해결해준다는 뉘앙스가 있다. 1인가구들은 끝나지 않는 빨래와의 전쟁을 끝내준 이런 서비스를 '구원자'라고까지 부른다.

여기에 더해 생각지 못한 고충을 하나 더 해결해주는데, 바로 세탁소 사장님과 대면하지 않아도 된다는 것이다. 세탁은 힘들지만 감당한다 쳐도, 그 때문에 불편한 사람까지 만나야 하는 상황은 피하고 싶을 것이다. 기업이 어떤 혜택을 의도했든, 실제 이용자들이 말하는 혜택을 살펴보면 그 행위에서 발생하는 실제 고충이 보인

〈'런드리고', '세탁특공대' 언급 추이〉

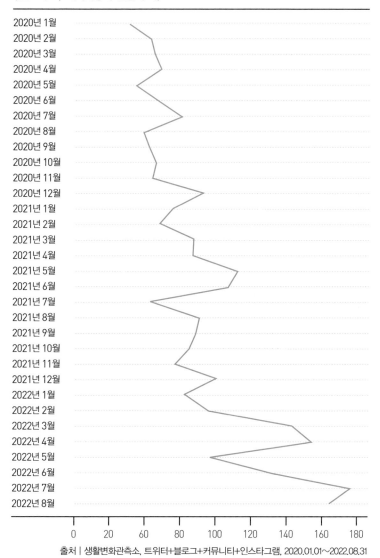

2020년 1월
2020년 2월
2020년 3월
2020년 4월
2020년 5월
2020년 6월
2020년 7월
2020년 8월
2020년 9월
2020년 10월
2020년 11월
2020년 12월
2021년 1월
2021년 2월
2021년 3월
2021년 4월
2021년 5월
2021년 6월
2021년 7월
2021년 8월
2021년 9월
2021년 10월
2021년 11월
2021년 12월
2022년 1월
2022년 2월
2022년 3월
2022년 4월
2022년 5월
2022년 6월
2022년 7월
2022년 8월

0　20　60　80　100　120　140　160　180

출처 | 생활변화관측소, 트위터+블로그+커뮤니티+인스타그램, 2020.01.01~2022.08.31

새로운 소유방식

다. 이렇듯 구독은 '필요'를 채워주려 할 때보다는 만연한 '고충'을 덜어줄 여지가 보일 때 더 쉽게 선택된다.

2. "나 이런 거 좋아하네?" 안목을 얻는 구독

두 번째는 안목을 얻어오는 구독이다. 유명한 밈이 있다. 〈무한도전〉에서 생성돼 몇 번의 기출 변형을 겪기도 한 "나 이런 거 좋아하네?"라는 밈이다. 나의 예상 밖 취향을 찾았을 때 찰떡인 표현인데, 이 지점에 구독이 찾아가곤 한다. 세렌디피티(serendipity), 말 그대로 뜻밖의 발견 또는 예상 밖 기쁨이 구독의 요소가 될 수 있다.

꽃, 와인, 차(tea), 옷 등이 이런 구독 품목에 들어간다. 물성이 있는 무언가를 받는다는 점에서는 정기배송 형태와 유사하지만, 안목이라는 부분에서 차별성이 있다. 꽃을 구독하는 이유는 꽃 그 자체만 받는 게 아니라 안목을 얻어오려는 이유도 크다. 전문가의 안목, 큐레이션 등을 받아오는 것이다.

따라서 이런 구독 플랫폼은 먼저 이용자의 취향부터 확인한다. 이 정보를 바탕으로 플랫폼의 전문가가 추천하는 제품을 받아보는 형태로, 물건을 소유하는 것에 더해 전문가의 안목을 나의 것처럼 전개할 수 있다는 프리미엄이 붙는다. 물질의 풍요를 넘어 과잉인 시대, 중요한 것은 개인의 취향과 안목 혹은 센스다. 알다시피 안목은 공부의 시간이 필요하다. 이런 수고를 줄이고 싶은 사람, 고민을 아웃소싱하고 싶은 사람들에게 구독은 매혹적인 선택지가 된다. 모든 사람이 모든 것의 전문가가 될 수는 없지만, 모든 부분에서 수준을 올리고 싶은 욕망은 있는 법, '필요'를 채우던 기존의 정기배송보다 필요에 '안목'이라는 가치가 더해진 구독으로 한층 세련된 라이프스타일을 시작할 수 있다.

일례로, 남성들에게 옷을 정기적으로 보내주는 구독 서비스가 있다. 이 구독이 건드린 이용자 심리의 미묘한 지점을 설명하자면, 남자들에게 옷이란 것은 깔끔하게만 입어도 본전이라는 말이 있다. 하지만 '깔끔함'의 기준은 상황마다 다를 것이고, 목적에 따라서도 다를 것이다. 스타일링에서 깔끔이란, 손톱을 다듬으라거나 머리를 3주마다 정리하라는 것 이상의 정형화되지 않은 기준을 요구한다. 더욱이 그것을 바라보는 상대방의 취향도 다 다르다. 옷을 잘 입고는 싶지만 평생 그 영역에 관심이 없던 사람에게는 너무 힘든 미션이다. '남친룩'을 입고자 노력했지만 선택 한 끗 잘못하면 '남침룩'으로 도출되는 세상이다.

이런 고민을 해결해주고 실패 확률을 제거해주는 것이 옷 구독이다. 즉 옷이라는 제품을 받지만 체감하는 혜택은 전문가의 안목이 보장하는 '스타일링'이라는 게 이 구독 서비스의 핵심이다. 옷과 함께 전문가의 선택이라는 심리적 방어막을 두르는 것은 굉장히 중요하다.

"이제 30대가 돼서 지갑 형편도 전보다 여유로운데 옷을 잘 챙겨 입어야 할 거 같다. 소개팅도 나가야 하고… 근데 평생 옷을 잘 사지도 않고 꾸미는 거엔 투자도 안 해봤는데… 우선 옷을 사러 간다는 거 자

체가 너무 귀찮은 일이랄까… 남자 옷 스타일링 구독이 있던데 해보
신 형들 있나?"

꽃도 마찬가지다. 꽃은 유형의 물질이면서 내포된 스토리, 의미
와 상징이 물성만큼이나 중요한 대표적인 품목이다. 그것을 알면서
소유하거나 타인에게 전할 때 그 진가가 드러난다. 구독은 숱한 꽃
들이 가진 무수한 의미 선택지 사이에서 헤매지 않는 안목을 담당
해준다.

이처럼 안목을 위한 구독에는 물성을 넘어선 마음이 담겨 있다.
이것이 단순한 정기배송과의 차이다. 특정 물건의 정기배송이 '구
독'이라 불리게 된 연유에는 배움을 통해 힙해지고 싶은 욕망이 소
분돼 있다. 근원적으로는 '몰랐던 자신'을 발견하고 싶은 심리가
구독자로 하여금 기업과 기꺼이 관계를 맺고 지갑을 열게 하는 것
인지도 모른다.

그리고 또 하나, 어느 정도 탐색을 하고 안목을 얻었다 싶으면 해
지 및 종료가 예정돼 있는 유형이기도 하다. 특정 안목을 학습하게
되면 나 스스로 찾아나갈 수 있다는 자신감이 생기기 때문이다. 유
니버스를 완성해가면서 언제까지고 타인의 결정에만 의존할 수는
없으니 말이다.

3. '정체성' 구독
현재까지 가장 진화된 구독 형태는 역시 디지털 콘텐츠 구독이

다. 콘텐츠 구독은 가장 이상적인 구독 모델을 보여준다.

자신의 유튜브 첫 페이지를 타인이 볼까 두려워하는 사람들이 적지 않다. 나의 안목과 취향이 적나라하게 드러나는 뚜렷한 이미지이기 때문이다. 회사에서 미팅 중 화면 공유를 하다가 공개하고 싶지 않았던 애니메이션 취향이 유튜브 화면에 드러나면 부끄러울 수도 있다.

구독은 결국 나만을 위한 것이기에 때로는 극도로 은밀하다. 밖에서 단체생활을 할 때는 사람들이 먹고 싶은 게 있냐고 물어도 "나? 아무거나~"라고 말할지언정, 구독은 나만을 위한 것이므로 결코 아무거나 하지 않는다. 싫어하는 콘텐츠를 돈 주고 정기적으로 받아보려는 사람은 없을 것이다. 그런 점에서 디지털 콘텐츠 구독은 나의 필요와 안목과 취향을 모두 보여주는 확장된 개념이다. 그 옛날 브리야 사바랭이 "당신이 무얼 먹는지 말해달라, 그러면 당신이 어떤 사람인지 알려주겠다"고 했던 것처럼, 지금 이 시대에 누군가의 구독 리스트를 보면 그 사람의 애호가 영화에 있는지, 음악에 있는지, 활자 소비에 있는지를 알 수 있다. 나아가 특정 채널에서 어떤 콘텐츠를 소비했는지를 보면 그의 취향을 훨씬 구체적으로 파악할 수 있다. 그런 점에서 구독 리스트는 결국 나를 대변하는 것이라 할 수 있다.

이러한 구독 유형에서 관찰되는 가장 흥미로운 지점은 앞서 말했듯이 사람들이 자신이 구독하는 무형의 콘텐츠들을 '소유'한다고 생각한다는 점이다. 무형의 콘텐츠 구독은 소유가 아니라 열람할 수 있는 권한만이고, 심지어 그 권한도 금액을 지불하는 기간에 한 정된다. 즉 무엇 하나 내 것이라 주장할 수 있는 게 없으며, 우리가 아는 소유의 개념과도 전혀 다르다.

그러나 다른 관점에서 보면 이는 확실한 소유의 영역이기도 하 다. 구독을 하는 중에는 언제 어디서든 기기만 있으면 마음대로 시 청, 감상, 이용할 수 있으니 소유와 다를 바 없다고 느끼는 것이다. 오늘날의 소유감이란 그 물건을 손에 쥐고 있는 감각이기보다는, 시간과 공간의 제약을 받지 않고 원하는 순간에 언제든 꺼내 마주 하고 사용할 수 있는 권한에 좀 더 가깝다.

소유의 개념이 이렇게 변화한다면, 이제는 모든 것을 소유하려 욕심 내는 것도 가능하다. 창작물이 폭발적으로 늘어난 오늘날에는 책이나 LP, 비디오를 물리적으로 모두 소유하는 게 불가능하지만, 플랫폼 구독을 통하면 가능하다. 적어도 소유감을 느끼는 건 가능 하다.

유니버스란 우주를 말한다. 내 취향의 유니버스가 있고 그것을 구축하고 싶다면, 현실적인 방법은 플랫폼 구독일 것이다. 이런 구 독은 나의 정체성을 구축하고 선언하는 것에 가깝기에 쉽게 이탈 하지도 않는다.

"ott의 최고 장점은 내가 보고 싶을 때 볼 수 있다는 것. 내 반려콘텐츠 들 너무 소중해…"
"저번에 친구들하고 캠핑 갔을 때 영화 뭐 볼까 고민하다가, 넷플릭스로 저장해둔 내 최애 홍콩 영화 틀어줬는데 친구들이 너무 좋아해서 뿌듯함"

구독 경제는 이른바 소유의 끝, 경험의 시대를 상징한다고 표현된다. 물질이 풍요로워지면서 물질을 소유하는 것으로는 나를 드러내기가 어려워졌지만, 취향을 기반으로 한 소유는 무형일지라도 나를 표현하는 데 모자람이 없다. 이처럼 권한을 소유하고, 그것을 통해 나의 취향 유니버스를 채워가는 데 구독의 역할이 있다.

가장 좋은 사례로 플레이리스트가 있다. 사람들은 음악을 좋아한다. 나의 취향 음악을 소유하는 방법은 무엇이 있을까? 시작은 유튜브 뮤직이나 스포티파이를 구독하여 모든 음악에 대한 접근권한을 얻는 것이다. 그럼 궁극적 목표인 취향의 유니버스는 어떻게 완성할 수 있을까? 사람들이 만들어놓은 리스트를 구독하고 리뷰를 보고, 댓글로 소통하고, 안목을 기르고 나의 취향을 하나둘 모아 나의 우주를 빚어내는 것이다.

유튜브 뮤직을 이용한다면 자신만의 플레이리스트가 있을 것이다. 이것은 개인의 음악 세계관이며, 유튜브가 제공한 사람과의 연결을 통해 단단해진다. 오프라인에선 만날 수 없는 사람의 플레이리스트를 참고하여 추가하고 제거하는 작업을 거듭하며 나만의 유니버스가 점점 뚜렷해진다.

"Goodbye for now L, If You Leave Us Now You'll Take Away The Biggest Part Of Us."

해석하자면 이렇다. "잠시만 안녕 L, 지금 떠나시면 우리의 가장 큰 부분을 앗아가는 거예요." 이것은 스포티파이를 해지하면 받는 플레이리스트다. 구독 해지에 대한 스포티파이의 안타까움이 절절하게 느껴지지만, 이용자 입장에서는 효용이 덜한데 관계를 유지하기가 부담스럽다.

구독에서 중요한 키워드는 '본전'이다. '뽕을 뽑겠다'는 결의까

스포티파이의 구독 해지 화면

지는 아니어도, '본전'은 사람들이 구독을 말할 때 많이 언급하는 키워드 중 하나다. 구독의 효용가치는 물론 구독료의 절대적인 액수가 영향을 미치지만, 동일한 금액을 지불한 개인 간의 사용 차에 따라 정해지는 부분도 있기 마련이다. 본전을 체감하려면 어느 정도 개인의 노력이 필요한데, 넷플릭스에서 영화를 한 달에 한 편만 봐도 극장보다 저렴하니 이득일

지, 매일 한 편씩 보는 친구만큼 봐야 이득일지는 개인의 판단일 것이다. 하지만 이러한 셈을 할 새도 없이 어느덧 구독하는 서비스가 적어도 한 개 이상, 누군가는 대여섯 개까지 늘어나 있을 것이다.

> "넷플릭스, 왓챠, 티빙, 쿠팡, 밀리의서재, 폴라이북, 유튜브 프리미엄 등등 어느덧 구독하는 게 늘어나버렸네요. 월에 많을 땐 10만 원 가까이도 나가는 거 같은데, 다들 얼마나 쓰시나요?"
>
> "넷플, 디즈니플러스, 왓챠 등등 ott가 워낙 많아서 하나만 하고 싶은데 어디는 드라마가 없고 어디는 또 영화가 없고. 결국 5~6개 구독하고 있는 것 같아요… 여기에 보면서 또 맨날 야식 시켜먹으니"

기업 입장에서 구독은 굉장히 좋은 결제방식이자 비즈니스 모델임이 분명하다. 구매자에게 제품을 주고 끝내는 거래방식보다는 지속적인 관계를 맺는 게 쉽지는 않더라도 여러모로 이상적이다. 여기에 매출이 정확하게 예측된다는 사실 또한 구독의 무시못할 매력 포인트다. 게다가 구독은 고객의 데이터 수집에 가장 적합한 모델이기도 하다. 개인 맞춤형 콘텐츠 서비스가 필수적인 시대에, 지속적으로 데이터를 남겨주는 고객들은 기업에 고마울 수밖에 없다. 절대적인 회원수도 중요하고, 충성고객을 확보하는 어려운 도전을 감안해도 구독은 가능하기만 하다면 최적의 사업모델이다.

다만 구독에는 거의 필연적으로 '해지'라는 미래가 있다. 기업 입장에서는 이 미래를 피하는 싸움을 해야 한다. '록인(lock-in)'이라는 키워드가 이제부터 중요하다. 말 그대로 구독을 통해 기업의 울타리 안으로 들어온 이용자들이 나가지 않도록 대문을 어떻게 잘 잠글지에 대한 문제다.

당연히 서비스와 콘텐츠는 훌륭해야 한다. 넷플릭스, 유튜브 프리미엄, 스포티파이와 같은 플랫폼들은 압도적인 회원수와 콘텐츠 양 그리고 오랜 이용자들의 데이터를 통해 개인에게 최적화된 콘텐츠를 추천해준다. 그러나 이것만으로는 사람들의 이탈을 막기 어렵다. 구독 이탈을 막으려면 콘텐츠의 우위 외에 경험적 차별점이 있어야 한다.

그 전략은 주로 독점 또는 오리지널 콘텐츠로 나타난다. 영화 〈반지의 제왕〉 시리즈의 독점 판권을 얻어 제공하면 이 작품을 주기적으로 소비하는 팬들은 〈반지의 제왕〉이 있는 OTT에 머물게 되고, 해당 판권이 타 OTT로 넘어간다면 콘텐츠를 따라 이탈할 것이다. 실제로 넷플릭스는 효자 콘텐츠인 미드 〈프렌즈〉의 판권을 매년 HBO에 반환해야 하는 위기 때마다 수백억 원을 지불하며 유지하고 있다. 〈프렌즈〉의 팬들 중에는 오로지 이 작품을 보기 위해 넷플릭스를 결제하는, 다른 콘텐츠는 큰 관심이 없는 이들도 있기 때문이다. 팬덤이 있는 콘텐츠는 'N차 관람', '디깅'이라는 특수한 속성이 있기 때문에 구독 서비스가 반드시 선점해야 할 타깃이 될 수밖에 없다.

"해리포터 있는 ott 있어? 왓챠에서 내려가서ㅠㅠㅠ 혹시 다른 데에 새로 올라왔나…? 있으면 글로 가려고…"

동시에 팬덤이 있는 콘텐츠를 자체적으로 확보하기 위해 오리지널 콘텐츠를 끊임없이 시도한다. 넷플릭스의 오리지널 콘텐츠, 인공지능이 아닌 사람이 함께 만드는 스포티파이의 플레이리스트가 그 예다. 경쟁 플랫폼은 접근권한이 없다는 점에서 독점과 오리지널 콘텐츠의 속성은 근본적으로 다르지 않다.

서비스보다 사람 모으기, 문화가 있는 곳에 모인다

OTT 외에도 최근 많은 기업들이 구독 모델의 매력에 눈을 뜨면서 다양한 구독 서비스가 등장하고 있다. 기업들이 어필하는 방식은 주로 경제적 혜택을 주는 것이다. 일례로 SK텔레콤과 LG유플러스의 구독 서비스인 '우주패스'나 '유독'에 가입하면, 자동으로 복수의 서비스 및 콘텐츠들을 저렴하게 구독할 수 있는 선택권을 받는다. 이를 위해 통신사들은 각 분야 1위 플랫폼들을 빠르게 선점하여 최대한 많은 이용자를 확보하고자 경쟁하고 있다. 그렇게 내놓은 혜택을 보면, 아마존 해외직구 무료배송, 각종 OTT 서비스 이용 및 구독료 할인 등 수십 가지에 이른다.

그러나 사람들에게 중요한 것은 본전을 뽑을 수 있는 메인 서비스 및 콘텐츠가 있느냐다. 사람들은 모든 종류의 혜택을 누리기 위해 일일이 손익을 계산하며 구독을 결정하기보다는 한 가지 서비스에서 본전을 뽑을 수 있는지를 고민한다.

"네이버 플러스 친구 모아서 나눠 내면서 쓰려고 하는데, 적어도 월 얼마를 써야 적립금으로 본전을 볼까요? 10만 원은 써야 본전일까요? 네이버 플러스해서 티빙만 이용해도 어느 정도 본전이긴 할 거 같긴 한데"

네이버플러스를 가입하려는 사람들은 매달 얼마를 지출해야 이득인지를 묻는다. 네이버플러스는 월 4900원을 지불하면 추가 적립금 혜택과 티빙, 네이버 웹툰, 네이버 바이브 등의 서비스 혜택을 주는데, 이러면 본전 계산이 어렵지 않다. 구독료를 지불하는 소비자에게 중요한 것은 명확한 사용처다. 사람들은 콘텐츠와 서비스에 이끌려 구독했다가도 가격에서 미묘한 불합리를 느끼면 곧 이탈한다. 그러므로 모호한 여러 가지 부가적 혜택을 나열하기보단 경제적 '본전'을 확보할 수 있는 명확한 하나의 사용처를 제시하는 편이 현명하다. 그러나 여전히 다수의 기업은 구독을 통해 이른바 '이 혜택도 받고 저 혜택도 받는 서비스'를 제안하고, 사람들의 반응은 뜨뜻미지근하다.

'본전'에 관해 생각할 점은 한 가지 더 있다. 사람들에게 본전은 경제적인 혜택만이 아니라 나의 삶을 채워줄 수 있는지도 해당된다는 것이다. 사람들은 삶에 필요한 다양한 혜택을 얻기 위해서도 돈을 쓰지만, 안목 있는 이들이 모인 곳에 동참하기 위해서도 돈을 (더 기꺼이) 쓴다. 구독에서 본전이 요인 중 하나라면 사람은 본질이다. 따라서 구독 서비스를 하려는 기업은 혜택을 모으는 것보다 애호가들을 모으는 것이 더 유리하다.

다시 말하지만 구독은 구매보다 훨씬 긴 관계다. 즐겁지 않고 매력 없는, 문화가 없는 플랫폼과는 누구도 긴 약속을 하지 않는다. 모여 있는 이들이 매력 있고, 그들과 교류하여 혜택을 기대할 수 있다면 사람들은 알아서 찾아오게 돼 있다. 이용자를 구독료를 내는 소비자로 머물게 하지 않고, 취향을 교류하는 크리에이터로 활동하게끔 유도할 수 있다면 사람들은 모일 것이다. 돈 이상의 관계를 약속하는 구독은 이때 가능하다. 사람들과 그들의 유니버스를 놓을 수 없기 때문에, 그리고 본인도 유니버스를 만들어 하나의 매체가 되기 위해서라도 이탈하지 않을 것이다.

개인이 매체이고, 개인을 구독한다

매체란 무언가를 전달하는 주체다. 즉 어떤 형태의 무엇이든 전달할 것이 있으면 매체 역할을 할 수 있다. 그전에는 공중파를 비롯한 매스미디어가 그 역할을 독점했지만 현재는 유튜브, OTT도 팬들에게 그 역할을 하고 있다. 크리에이터가 직업으로 인정받는 창의의 시대에는 개인도 대중에게 무언가를 전달하는 매체가 될 수 있다. 콘텐츠를 소비하는 것에만 머물지 않고 개인이 공채 시험 없이, 큰 비용 없이, 쉽게 생성자가 될 수 있는 시대이며, 전달 또한 어렵지 않다. 다만 독창적이어야 한다. 그래서 더욱 필요한 것이 안목

매체는 개인이다.
방식은 구독이다.

과 취향이다.

점점 모두가 자신만의 취향 유니버스를 만들고 취향과 안목을 교류하며 매체로서의 역할을 할 것이다. 이는 크리에이터 경제가 나날이 성장하는 시대의 흐름과도 궤를 같이한다. 인스타그램, 트위터, 틱톡 등 지구적 차원에서 사람을 모으는 데 성공하고 취향과 안목의 교류를 활성화한 플랫폼들이 최근 모두 구독 모델을 도입하고 있다. 인스타그램은 개인 인스타그래머가 팬들에게 직접 구독료를 받을 수 있도록 지원한다는 방침이다. 공영방송사가 시청자에게 수신료를 받는 것처럼, 나의 취향을 전달하는 대가를 구독자들에게 구독료의 형태로 직접 받는 것이다.

인스타그램에 사진을 올려본 적 있는가? 블로그에 글을 써본 적 있는가? 그렇다면 당신도 크리에이터이며, 구독료를 받을 수 있는 매체와 다르지 않다. 각자의 위치에서 각자의 유니버스를 발신하는 매체. 구독자와 크리에이터의 경계는 종이 한 장보다도 얇아졌다. 개인이 개인을 구독하게 하는 것, 그것이 구독의 이상적인 모습이며 앞으로의 탐구주제일 것이다.

1. 구독은 사람을 모으는 플랫폼이다.

구독이 모아야 할 것은 서비스가 아닌 콘텐츠, 그리고 그걸 좋아하는 많은 사람들이다. 제공해야 할 것은 경제적 혜택보다 사람들과의 교류다. 이탈을 막는 것은 관계의 유대와 교유한 문화이므로, 교류와 이를 통한 학습이 중요하다.

2. 구독으로 얻는 가성비 가치는 안목이다.

사람들이 매달 돈을 써서라도 얻고 싶은 것은 물성이 아니라 고급진 안목이다. 투자 시간 대비 수준이 높아지고 싶은 마음은 사람의 본능이다. 이 지점에 구독이 찾아갈 수 있다. 물질적 '필요'를 채워주는 플랫폼이 아닌 '안목'을 높여주는 플랫폼이 되어야 한다. 라이프스타일 중 '라이프'보다 '스타일'에 가까울 때 구독의 관계가 유지된다.

3. 구독은 유니버스를 소유하는 방식이다.

개인이 모든 것을 모을 수 없는 시대다. 하지만 모든 것에 접근할 권한은 얻을 수 있다. 다양한 영역의 묶음 혜택보단 하나의 영역에서 많은 선택권을 제안하고 다양한 취향을 맛보게 하여 개인의 취향 유니버스를 도와야 한다.

4. 개인이 매체가 되게끔 해야 한다.

기업이 끊임없이 서비스를 모으고 독점 콘텐츠를 모으는 것은 소모적 경쟁이다. 독창적 가치를 만들어내는 크리에이터도 결국 개인이고, 그 구독자도 개인이다. 둘 사이의 경계는 없다. 개인이 개인의 유니버스를 구독할 때 이탈하지 못하는 플랫폼 문화가 생긴다.

한 번도 보지 못한
소비주체의 등장

문화는 사람에 의해 바뀐다. 홍대 문화를 만든 것은 인디밴드가 나오는 클럽, 독특한 음식점, 타투, 버스킹, 대기업의 복합문화공간이 아니라 근처 반지하에 살면서 퇴근 후 추리닝과 슬리퍼를 신고 홍대 골목을 어슬렁거렸던 디자이너와 출판문화인이었다. 그들의 까다로운 테이스트와 감도가 스며들어 홍대 문화가 되었다. 자본에 의해 잠식되었다고 하지만 그래도 문화는 남는다.

우리 사회를 바꿀, 한 번도 보지 못한 소비주체가 등장했다. 취향을 포기하지 않고, 결혼의 컨베이어 벨트에 타지 않을 사람들이다. 과거에도 취향 있는 사람들은 있었다. 음악을 사랑하고, 공들여 헤드셋을 고르고 자신만의 노트와 펜을 수집하는 30대 초반의 소비자는 얼마든지 있었다. 하지만 그가 결혼을 하고 가구경제 주체자에게 공인인증서를 넘기고 용돈을 받아 쓰기 시작하는 순간, 그의 취미 소비는 계속되어도 소비 시장은 그를 잊었다. 대신 그 가구 소비에 집중했다. 예신(예비신부), 육아맘, 5~7세맘, 초등맘, 갱년기 여성… 하는 식으로 그 가구 주체의 라이프스테이지를 따라갔다. 우리는 노트와 펜을 사랑하는 그 사람의 일상 소비생활을 볼 수 없었다.

지금 우리는 노트와 펜을 사랑하는 그 사람이 타인에게 공인인 증서를 넘기지 않을 때, 스스로 방을 꾸미고 청소를 하고 빨래를 하고 밥을 지어먹을 때의 선택, 그 선택 앞에 서 있다. 교통 좋은 곳의 원룸 월세를 살지 오래된 빌라의 전세를 살지 혹은 셰어하우스에 갈지 고민하고, 세탁기와 세탁특공대 앞에서 갈등하는 그의 일상적 선택을 목도한다. 오늘 저녁에 집밥을 만들지 편의점 도시락을 구입할지, 저녁 먹은 후에 운동을 갈지 먹기 전에 다녀올지 결정하는 매일의 선택을, 내일 휴가를 쓸지 연휴를 끼고 몰아서 갈지, 버섯 스탠드 대신 브랜드 운동화를 살지 말지 고민하는 기회의 선택을 엿보고 있다. 아파트 관리비, 아이들 학원비, 병원비 대신 무엇이 그들을 움직이는 동인이 될지 아직은 알지 못한다.

대한민국의 변화를 만드는 것은 새로운 소비주체, 즉 취향을 갖고 자신의 생활을 A부터 Z까지 스스로 매니지하는 1990년대생들일 것이다. 이 주체들이 새로운 문화를 만든다. 좁은 집을 아름답게 꾸미는 주거문화, 하지 않을 수 없는 요리·빨래·청소를 대행하는 집안일 아웃소싱 문화, 돈독함은 남기고 부담감은 줄이는 가족문화. 이들의 취향, 트렌드, 신조어, 인스타그램 피드가 아니라(이것들도 물론 중요하지만) 유사 이래 지속해온 활동들, 밥, 빨래, 운동, 자고 일어나는 행위, 욕실의 수건, 매일 드는 가방을 보아야 한다. 이들이 집에 들이는 것이 아니라 이들이 집에서 갖고 나가주었으면 하는 고충을 보아야 한다. 화려한 일탈이 아니라 매일의 일상을 보아야 한다.

이들의 수가 많고 소비규모가 커서가 아니라, 이들이 기준을 만들 것이기 때문이다. 이로 인해 모두가 변할 것이다. 거기에 비즈니스 기회가 있다. 이들이 표준이 될 대한민국을 상상해야 한다.